JUDITH WATSCHINGER

LIEBLINGS TIERE BASTELN

AB 4 JAHREN

Über 50 nachhaltige Ideen mit Materialien, die jeder zu Hause hat

VORWORT

Ich ... nein, was sage ich, wir, freuen uns riesig, dich in diesem Bastelbuch willkommen zu heißen! 🙂 Bestimmt fragst du dich, wer mit „wir" gemeint ist. Naja, zum einen natürlich ich, Judith, Autorin dieses Buches. Zum anderen all die Tiere, die in diesem Buch einen Platz ergattert haben. Hunde, Schweine, Raupen, Ameisen, Flamingos, Eisbären, Füchse und viele mehr sind hier vertreten. Jedes Tier wurde mit viel Liebe und mit Materialien, die du wahrscheinlich bereits zu Hause hast, gebastelt. Ich zeige dir zum Beispiel, wie du Korken in niedliche Delfine, Zündholzschachteln in sympathische Igel, Papiertüten in kunterbunte Schmetterlinge, Chipsrollen in stolze Kühe und Schachteln in knuffige Eisbären verwandelst. Und weil jedes Tier einzigartig ist, habe ich in jede Einleitung noch ein bisschen Wissen gepackt, das dich staunen lässt. Zu jeder Idee gibt es noch zusätzliche Tipps.

Wenn du bereits Bücher von mir kennst, weißt du ja schon, dass es darin niemals genaue Angaben oder Vorlagen zum Kopieren gibt. Denn aufs exakte Nachbauen kommt es nicht an. Meine Ideen sollen deine Fantasie anregen. Die gebastelten Sachen müssen nicht perfekt sein, sondern dir gefallen! Du bist der Bastelchef bzw. die Bastelchefin. Bastle so, wie es dir gefällt!

Mach dich bereit für eine kunterbunte Reise quer durch die Tierwelt! Sie startet bei den Tieren auf dem Bauernhof und geht im Wald weiter. Danach folgt ein kleiner Abstecher auf die Wiese, bevor wir bei den Meerestieren vorbeischauen. Zum Schluss besuchen wir noch einige Tiere, die von weit her ihren Weg in dieses Buch gefunden haben!

Eins verspreche ich dir: Es wird tierisch gut, aufregend und inspirierend!

Alles Liebe
Judith

EIN KLEINER HINWEIS NOCH ZUM SCHLUSS:
Alle Ideen, bei denen mit Heißklebepistole gebastelt wird, sind mit diesem Symbol gekennzeichnet!

INHALT

GRUNDAUSRÜSTUNG

Auf dieser Seite siehst du eine kleine Übersicht über die wichtigsten Hilfsmittel, die du in diesem Buch immer wieder brauchst. Du findest sie bei den „Wir brauchen"-Bereichen als „Grundausrüstung". Sollten noch andere Hilfsmittel (wie z.B. Heißklebepistole, Furniermesser ...) zum Einsatz kommen, habe ich das extra angeführt.

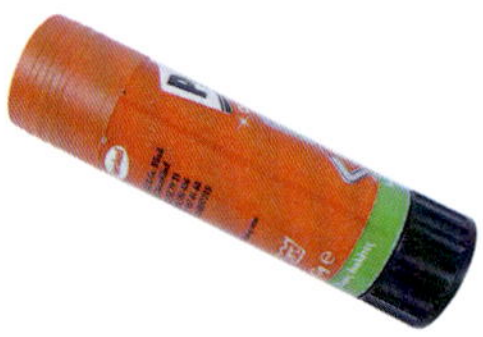

Bastelkleber

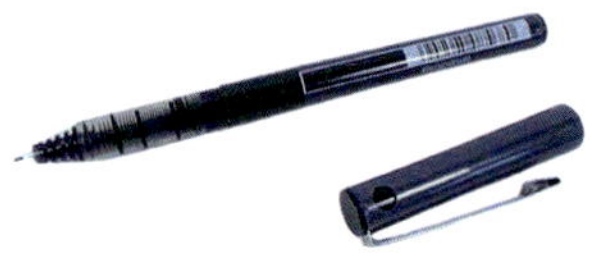

schwarzer Stift

Schere

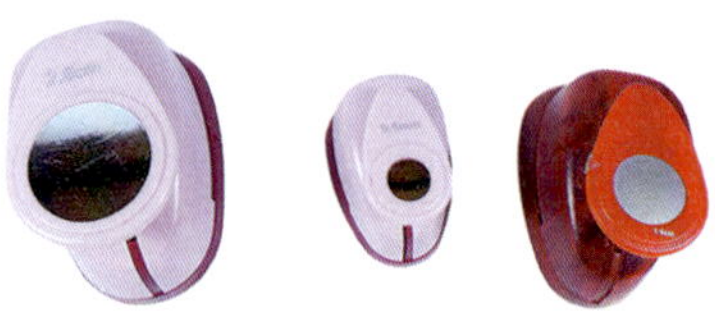

runde Motivstanzer in verschiedenen Größen

Locher

Klebestreifen

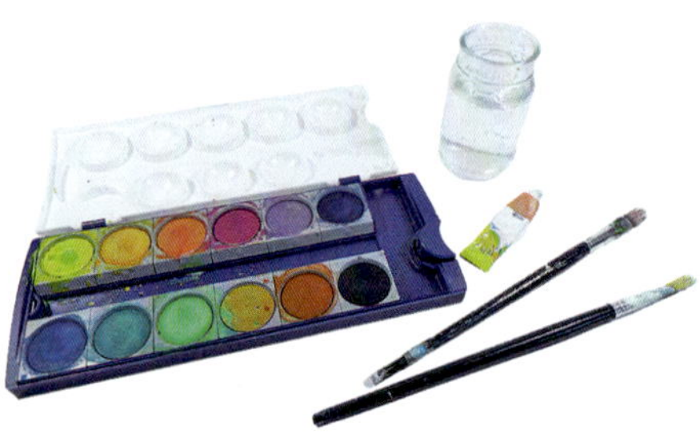

Wasserfarben, Deckweiß, Malbecher mit Wasser, Pinsel

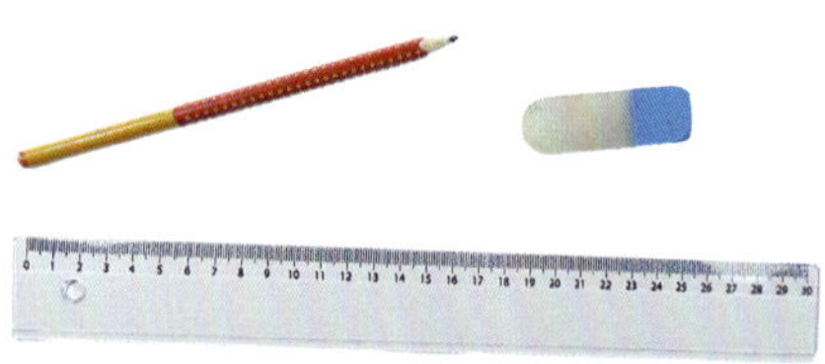

Bleistift, Gummi, Lineal

BASTELTIPPS

• Vielleicht fällt dir in diesem Buch auf, dass ich auf Kulleraugen verzichte. Ich versehe die meisten meiner Bastelideen mit **Papieraugen**! Dafür stanze ich mit einem runden Motivstanzer Kreise aus weißem Papier aus und male mit einem schwarzen Stift die Pupillen auf. Beim Pupillen-Aufmalen lasse ich immer ein kleines Dreieck weiß! Das lässt die Augen besonders schön glänzen! Bei deiner Bastelausrüstung sollten auf keinen Fall **runde Motivstanzer** in unterschiedlichen Größen fehlen! Neben Augen kannst du damit natürlich auch Körperteile (z.B. Köpfe, halbe Kreise für Füßchen oder Krebszangen), aber auch ruckzuck lauter verschieden große und kunterbunte Kreise zum Dekorieren herstellen!

• Beim Basteln solltest du eines immer auf Vorrat haben. Was? **Mit Wasserfarben angemalte Magazinseiten** natürlich! Diese sind einfach zu machen und meiner Meinung nach das schönste Motivpapier zum Basteln. Beim Anmalen nehme ich immer besonders viel Wasser und unterschiedliche Farben, um schöne Aquarelleffekte zu erhalten. Dieses selbst gemachte Motivpapier gibt den Bastelideen das gewisse Etwas. Auch Buchseiten bieten sich zum Anmalen an. Magazin- und Buchseiten machen sich auch „natur" hervorragend.

• Bei vielen meiner Bastelideen verwende ich **Pappe**, wie sie jeder von uns zu Hause hat. Egal ob Cornflakes- oder Müslischachteln, Reis- oder Pastaverpackungen oder Pakete, in welchen verschiedenste Sachen geliefert wurden. Pappe brauchst du in diesem Buch ziemlich viel! 😉 Also beginne am besten gleich mit dem Sammeln. Alles in einer großen Pappschachtel (weil wir ja schon beim Thema sind) verstauen und griffbereit halten!

• Neben Pappe habe ich bei fast allen Ideen auch **Papier** zum Basteln verwendet! Ich persönlich habe eine große Schachtel mit unterschiedlichen Papierresten. Immer wenn ich eine bestimmte Papierfarbe brauche, krame ich darin. Oft ist es dünneres Papier, oft Tonpapier, oft festerer Karton. Meistens macht das beim Basteln keinen großen Unterschied, weshalb ich bei den „Du brauchst" Kästen immer nur „Papier" angegeben habe. Wenn mir persönlich ein Papier zu dünn und unstabil ist, nehme ich es einfach doppelt oder klebe es zusätzlich auf Karton. Wenn du generell lieber mit Tonpapier bastelst, kannst du natürlich auch das verwenden!

SEI KREATIV!

In diesem Bastelbuch warten viele Tieren auf dich, die schon ganz gespannt darauf sind, nachgebastelt zu werden. Wichtig ist: Die Ideen in diesem Buch sollen dich inspirieren, selbst kreativ zu werden. Sei mutig und lasse deiner Fantasie freien Lauf! Mach dein Ding! Schneide, male, klebe und zeichne, so wie es dir gefällt!

Du kannst einen Eierkarton-Deckel in einen Papagei verwandeln, aber genauso gut in einen Hirsch oder in eine Katze, in einen Fisch, in einen Koala, in ein Schaf und und und! Viele der Basteltechniken bieten sich für beliebige Tiere an. Hier einige Beispiele ...

TIERE AUF DEM BAUERNHOF

Muuuuuuuuuuuuh. Miaooomiaaaoomiaaaaao. Wuffwuff. Bäääääääääääh. Nein, du hast dich nicht verhört! Jetzt geht der Tierspaß endlich los! Herzlich willkommen auf dem Bauernhof! Auf den nächsten Seiten tummeln sich zuckersüße Katzen, schnell galoppierende Pferde, nicht spuckende Lamas, se(eeeee)hr treue Hunde, die dich auf Schritt und Tritt begleiten, Schweinchen, Ziegen und und und. Ich liebte es als Kind, meine Oma auf dem Bauernhof zu besuchen. Wir Kinder durften die Ferkel in ihrer Stube frei laufen lassen, gingen mit Kälbchen an der Leine spazieren und hatten unsere eigene, kleine Kaninchenzucht. Wenn ich mir diese Bauernhof-Tiere anschaue, wird mir warm ums Herz. So, genug geplappert! Los geht's mit den Bauernhof-Bastelabenteuern!

Silas Rizzo
Heideckstr. 27
39031 Bruneck
BZ - Italien

KUH

Du hast bestimmt schon einmal gehört, dass Kühe Wiederkäuer sind. Wie das Wort schon sagt, kauen sie die Nahrung „wieder“, also noch einmal. Kühe fressen große Mengen an Heu und Gras. Nach dem Fressen legen sie sich irgendwo gemütlich hin, würgen das soeben gefressene Futter noch einmal hoch und kauen es dieses Mal besonders gründlich. Interessant, oder? Diese beiden „Muh-Kühe“ hier sind aber das Gegenteil von Wiederkäuern. Sie sollen nämlich behalten, was du ihnen fütterst – als praktische Aufbewahrungsboxen. Eine nette Deko geben sie übrigens auch ab. Schnapp dir eine leere Chipsdose (oder mehrere, wenn du eine ganze Kuhherde basteln willst) und leg los!

SO WIRD'S GEMACHT

1 Schneide aus der Pappe eine ovale Form für den Kopf aus. Reiße das weiße und das schwarze Papier in kleine Stückchen und beklebe damit die Chipsdose sowie den Kopf beliebig.

2 Schneide aus dem rosaroten Papier die Schnauze und das Ohrinnere, aus dem schwarzen Papier die Ohren und aus dem beigen Papier zwei Hörner aus und bringe all das am Kopf an. Fertige die Papieraugen an und klebe sie auf. Zeichne jetzt die Nasenlöcher.

3 Bitte einen Erwachsenen, von einem Korken vorsichtig eine Scheibe abzuschneiden. Diese Scheibe klebst du auf die Rückseite des Kopfes, bestreichst sie mit Bastelkleber und bringst sie an der schwarz-weiß beklebten Chipsdose an.

DAS BRAUCHEN WIR

- leere Chipsdose, Pappe, Papier (rosarot, beige, schwarz, weiß), Korken
- Grundausrüstung + Furniermesser

TIPP

- Wenn du keine Chipsdose hast, kannst du auch eine Papprolle verwenden und diese in eine lustige Kuh verwandeln.

SCHWEIN

Schweine lieben es, sich im Schlamm zu suhlen. An heißen Tagen ist das für sie eine willkommene Abkühlung. Aber wusstest du, dass die Schlammbäder den Schweinen auch helfen, sich sauber zu halten? Sobald der Schlamm trocken ist, reiben die Schweine die harte Kruste ab. Juckendes Ungeziefer, das es sich auf ihrer Haut gemütlich gemacht hat, fällt dabei ab. Die Schweinchen rechts schauen aber nicht danach aus, als ob sie Lust auf Schlammbäder hätten wie ihre Verwandten. Oder was meinst du?

SO WIRD'S GEMACHT

1 Male die Etiketten rosarot an. Am besten mischst du die pinke Farbe mit etwas Deckweiß, um ein schönes „Schweinchenrosa" zu erhalten. Warte, bis die Farbe trocken ist.

2 Schneide die angemalten Etiketten so zu, dass du einen Schweinchenkopf erhältst. Schneide oder stanze dann aus dem rosaroten Papier einen Kreis für die Nase und zwei Ohren aus.

3 Bringe die Nase und die Ohren mit etwas Kleber an. Zeichne die Augen, die Nasenlöcher und den Mund mit dem schwarzen Stift auf. Fertig! Wenn du den Schweinchen-Sticker irgendwo aufkleben willst, ziehst du die Folie auf der Rückseite ab, platzierst den Sticker auf der gewünschten Stelle und streichst darüber.

DAS BRAUCHEN WIR

- weiße Etiketten, Papier (rosarot)
- Grundausrüstung

TIPPS

- Mit den Schweinchen-Stickern kannst du wunderbar Geschenke, Glückwunschkarten, Schulhefte, Freundebücher ... verzieren.
- Verwende für die Details des Gesichts (Ohren und Nasen) Papier in unterschiedlichen Rosatönen. Du kannst auch eine Magazinseite mit Wasserfarben bemalen und daraus die Ohren ausschneiden.
- Du kannst den Schweinchen auch zweilöchrige Knöpfe als Nasen aufkleben.

ESEL

Esel gehören zu den ältesten Haustieren der Menschen. Bereits unsere Vorfahren haben sie als Reittiere eingesetzt und sich von ihnen über steile Berge und weite Strecken tragen lassen.Sie dienten als Lasttiere, zogen schwere Wagen und trieben Brunnen oder Mühlen an. Die Pappbecher-Esel auf dieser Seite sind bestimmt schwächer als echte Esel und würden sich störrisch weigern, dich oder irgendein Gepäck zu tragen. Aber eines muss man den beiden Pappeseln lassen: Sie sind richtig niedlich und pflegeleicht!

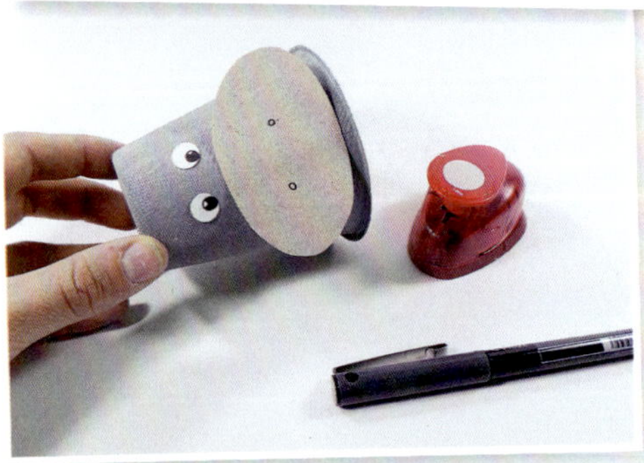

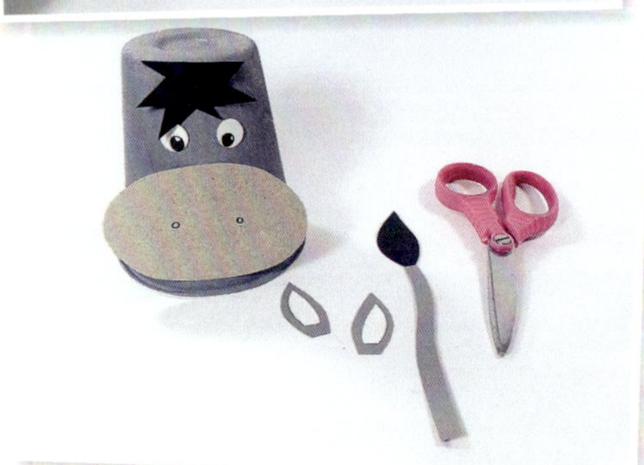

SO WIRD'S GEMACHT

1 Male den Pappbecher mit deinen Wasserfarben grau an. Dafür mischst du am besten schwarze Wasserfarbe mit etwas Deckweiß. Warte nach dem Auftragen, bis die Farbe trocken ist.

2 Schneide aus der grauen Pappe eine ovale Form für die Schnauze aus, zeichne die Nasenlöcher auf und befestige sie am angemalten Pappbecher. Fertige die Papieraugen an und klebe sie auf.

3 Schneide aus dem schwarzen Papier eine spritzige Eselfrisur und ein wuscheliges Schwanzende, aus dem grauen Papier den Schwanz und die Ohren und aus dem weißen Papier das Ohrinnere aus und bringe die ausgeschnittenen Papierteile mit Kleber an den richtigen Stellen an.

DAS BRAUCHEN WIR

- Pappbecher, Papier (weiß, grau, schwarz), Pappe (grau)
- Grundausrüstung

TIPPS

- Stelle Esel in unterschiedlichen Grau- bzw. Brauntönen her. Je mehr Deckweiß du zu den Farben gibst, desto heller werden sie.
- Wenn du keinen weißen Pappbecher hast, kannst du ihn mit kleinen Papierstückchen überkleben und dann mit Schritt 2 fortfahren.

PFERD

Pferde haben einen ausgezeichneten Geruchs-, Hör- und Orientierungssinn. Auch beim Laufen sind sie richtig schnell – die echten Pferde, aber auch die süßen Fingerpferde, die du auf dieser Seite sehen kannst! Schnapp dir etwas normale Pappe, einen Streifen Wellpappe und Garn für die Mähne. Daraus bastelst du deine eigenen Pferde, die du dir an einen Finger stecken und über Tische, Betten, Stühle, Waschbecken, Teller, deine Freunde und und und galoppieren lassen kannst.

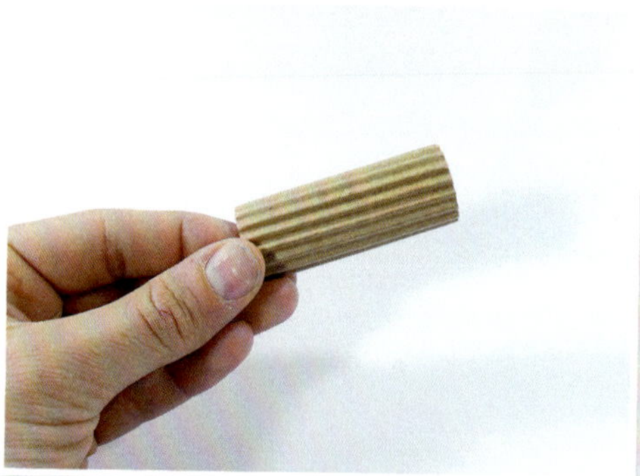

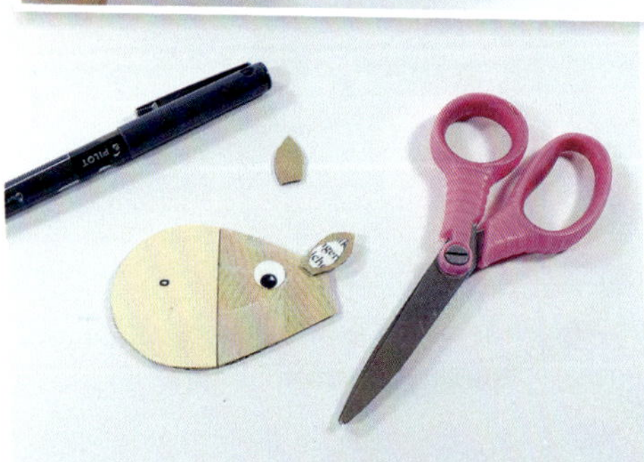

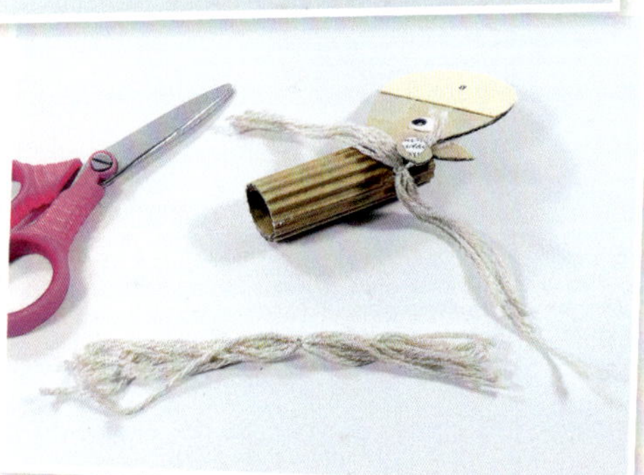

SO WIRD'S GEMACHT

1 Schneide von der Wellpappe einen Streifen ab, wickle ihn um deinen Finger und bitte eine erwachsene Person, die beiden Enden an der richtigen Stelle mit Heißkleber zusammenzukleben.

2 Schneide aus der Pappe den Kopf für das Pferd und zwei Ohren aus. Reiße das Packpapier in kleine Stückchen und überklebe die Pappeformen damit. Bestreiche den vorderen Teil des Kopfes mit etwas Kleber, lege dann ein Stück beiges Papier darüber, drehe den Kopf um und schneide das überstehende beige Papier ab. Fertige das Papierauge an und klebe es auf. Jetzt schneidest du aus der Magazinseite das Ohrinnere aus und bringst es an. Zeichne abschließend noch das Nasenloch auf.

3 Schneide vom beigen Garn mehrere, gleichlange Stückchen ab und binde sie zu kleinen Bündeln in der Mitte zusammen. Befestige mehrere dieser Garnbündel als Pferdemähne.

DAS BRAUCHEN WIR

- Wellpappe, Pappe, Papier (weiß, beige), Packpapier, Magazinseite, Garn (beige)
- Grundausrüstung + Heißklebepistole

TIPP

- So ein tolles Spielzeug: Steck das Pferd auf deinen Finger, lass es losgaloppieren und gemeinsam mit dir fantastische Abenteuer erleben.

KANINCHEN

Kaninchenbabys kommen nackt und blind zur Welt. Von der Kaninchenmama werden sie in ein kuscheliges Nestchen aus getrocknetem Gras und Bauchfellwolle eingebettet. Die drei gebastelten Langohren dagegen können selbst als Nestchen dienen, jedenfalls können sie bequem kleine Geschenke oder Süßigkeiten in sich aufnehmen.

SO WIRD'S GEMACHT

1 Schneide aus dem rosa Papier die Nase aus, fertige zwei Papieraugen an und bringe die Teile am Kaffeefilter an. Zeichne dem Kaninchen das restliche Gesicht auf. Reiße von der Magazinseite kleine Stückchen ab und bringe sie ebenfalls am Kaffeefilterkaninchen an.

2 Schneide aus der Pappe zwei Ohren und aus dem rosa Papier zweimal das Ohrinnere aus. Klebe diese dann auf die Pappohren. Bestreiche die Holzklammer auf einer Seite mit Bastelkleber und drücke sie von hinten auf die Pappohren. Klammere die Ohren dann auf den Kaffeefilter.

3 Fülle das Kaninchen mit einem kleinen Geschenk. Schneide vom Washitape kleine Stückchen ab und verschließe so die Kaffeefilteröffnung.

DAS BRAUCHEN WIR

- Kaffeefilter, Papier (weiß, rosa), Pappe, Magazinseite, zwei kleine Holzklammern, Washitape
- Grundausrüstung

TIPP

- Zum Verschließen des Kaffeefilters hast du unterschiedliche Möglichkeiten: Du kannst die Kaffeefilteröffnung zum Beispiel auch mit einer Klammermaschine zusammenheften oder am unteren Rand einige Löcher stanzen und zum Verschließen ein Stück Juteschnur durchziehen oder die Öffnung mit Nadel und Zwirn zunähen.

KATZE

Katzen besitzen spezielle Duftdrüsen an der Seite des Kopfes. Wenn sich Katzen an anderen Katzen, an uns Menschen oder Gegenständen mit ihrem Kopf reiben, markieren sie schlicht und einfach ihr Revier beziehungsweise Eigentum. Ob die niedlichen Miezen sich auch an dir mit dem Kopf reiben werden, um allen mitzuteilen: „Dieses Kind hier, ja genau dieses, hat mich so wunderschön gebastelt und es gehört ab sofort mir"?

SO WIRD'S GEMACHT

1 Bestreiche die Papprolle mit etwas Bastelkleber und umwickle sie mit der Juteschnur.

2 Schneide aus der Pappe den Katzenkopf und den Schwanz aus. Fertige die Papieraugen an und klebe sie auf. Die Nase sowie das Ohrinnere werden aus dem rosaroten Papier ausgeschnitten bzw. gestanzt. Bringe die Papierteile am Katzenkopf an und male abschließend noch das Schnäuzchen und die Schnurrhaare auf.

3 Bitte eine erwachsene Person, den Korken der Länge nach mithilfe des Furniermessers zu halbieren und eine Hälfte mit Heißkleber an der umwickelten Papprolle zu befestigen. Auch der Kopf und der Schwanz werden mit Heißkleber an den richtigen Stellen angebracht.

DAS BRAUCHEN WIR

- Klopapierrolle, Pappe, Juteschnur, Papier (weiß, rosa), Korken
- Grundausrüstung + Furniermesser, Heißklebepistole

TIPPS

- Bist du auf der Suche nach einem niedlichen Geschenk für einen lieben Menschen? Über eine solche süße Mieze würde sich bestimmt jeder freuen ...
- Wenn du möchtest, könntest du die Katzen auch zum Überbringen von Glückwünschen bzw. Einladungen benutzen: Einfach Glückwunsch/Einladung auf einem Blatt notieren, zusammenrollen und in die Katze stecken.
- Du könntest den Katzenkörper auch mit kleinen Papierstücken überkleben.

HUHN

Da Hühner keine Zähne haben, zerdrücken sie die Nahrung lediglich mit ihrer Zunge. Zerkleinert wird das Gefressene dann erst im Magen und dazu haben die Hühner einen genialen Trick: Sie fressen kleine Steine und Sandkörner, die dabei helfen, das Futter im Magen zu zermahlen. Genial, unsere Natur. Und jetzt: Vorhang auf für diese drei lieblichen Hühnchen, die sich schon sehr auf ein neues, feines Zuhause freuen.

SO WIRD'S GEMACHT

1 Reiße das Packpapier in kleine Stückchen und überklebe damit den Bierdeckel.

2 Schneide aus dem orangen Papier den Schnabel und zwei Kreise aus. Schneide bei den Kreisen ein kleines „Kuchenstück" heraus. Aus dem roten Papier schneidest du den Kamm und die Kehllappen aus. Bringe alle Papierteile an den richtigen Stellen an und zeichne die Augen auf.

3 Schneide aus der Pappe abschließend noch die Flügel aus und bringe sie ebenfalls an. Drehe das Huhn um und befestige mit etwas Klebestreifen den Schaschlikspieß an der Rückseite.

DAS BRAUCHEN WIR

- Bierdeckel, Packpapier, Papier (rot, orange), Pappe, Schaschlikspieß
- Grundausrüstung

TIPPS

- Wenn du keinen Bierdeckel hast, kannst du natürlich auch den Hühner-Körper aus Pappe ausschneiden.
- Steck die Hühner zu euren Zimmerpflanzen in den Topf! Sie leisten ihnen sehr gerne Gesellschaft.
- Auch Wellpappe macht sich bei den Hühnchen gut.
- Besonders in der Osterzeit sind diese Hühner eine passende Dekoration.

HUND

Hunden sieht man gleich an, ob man besser wegbleiben sollte (Knurren und Ohrenanlegen) oder sie das gemeinsame Spielen kaum erwarten können (Schwanzwedeln). Keine Sorge: Auch wenn die Eierkarton-Hündchen nicht mit ihrem Schwanz wedeln, fühlen sie sich bei ihrem neuen Herrchen oder Frauchen pudelwohl, besonders wenn du mit ihnen Gassi gehst!

SO WIRD'S GEMACHT

1 Reiße das Packpapier in kleine Stückchen und überklebe damit den Deckel des Eierkartons.

2 Schneide aus der Pappe den Kopf für den Hund und aus der Wellpappe die Ohren aus. Überklebe auch den Kopf mit Packpapier-Stückchen und bringe die Ohren an. Schneide aus dem schwarzen Papier die Nase aus und reiße aus dem weißen Papier den Schnauzenbereich zurecht. Bringe beides am Kopf an und zeichne die Schnauze auf. Fertige die Papieraugen an und klebe sie auf.

3 Schneide aus der Pappe den Schwanz und einen etwa 15 cm langen Streifen ab. Falte den Streifen zweimal, sodass du drei ca. gleich große Abschnitte erhältst. Falte den letzten Abschnitt nochmals in der Mitte, sodass du zwei kleinere Abschnitte erhältst. Bestreiche den ersten davon mit Kleber und drücke ihn am anderen Pappstreifen-Ende fest. Befestige den Kopf mit diesem Pappstreifen-Dreieck und den Schwanz am Hundekörper.

4 Nimm ein Stück Schnur, mache an einem Ende eine Schlaufe, öffne den Eierkarton, befestige die Hundeleine wie im Foto und schließe den Eierkarton wieder.

DAS BRAUCHEN WIR

- Eierkarton, Pappe, Packpapier, Papier (weiß, schwarz), Wellpappe, Schnur
- Grundausrüstung

TIPPS

- Los geht's mit dem Spielen: Zieh den Hund auf dem Boden hinter dir her. Er folgt dir auf Schritt und Tritt.
- Natürlich muss der Hund nicht immer seine Leine tragen. Du bist sein Herrchen bzw. Frauchen und entscheidest.

SCHAF

Schafe lieben es, in einer Herde und in guter Gesellschaft ihre Tage auf der Weide oder im Stall zu verbringen. Als Herde fühlen sie sich sicher und geborgen. Uns geht es da so ähnlich, oder? Auch wenn du nicht gleich eine ganze Schafherde nachbastelst, haben die Schäfchen bestimmt Verständnis dafür. „Nur" zu dritt und mit lieben Menschen um sich, fühlen sie sich auch sehr wohl.

SO WIRD'S GEMACHT

1 Schneide aus der Pappe eine ovale Form aus. Reiße das Packpapier in kleine Stückchen und beklebe damit die ausgeschnittene Pappform.

2 Schneide aus der Wellpappe zwei Ohren aus und bringe sie am Kopf an. Fertige die Papieraugen an und klebe sie auf. Zeichne noch ein nettes Schnäuzchen auf. Nimm dann das graue Papier und schneide eine kleinere und eine größere wolkenförmige Form aus. Klebe die größere Form zusätzlich auf Pappe und schneide sie nochmals genau aus. Bringe dann das kleine Wölkchen am Kopf an.

3 Bitte eine erwachsene Person mit einem Furniermesser eine Scheibe von einem Korken abzuschneiden. Klebe diese dann auf den Schafskörper und befestige darauf den Kopf. Drehe das Schaf um und befestige mit etwas Klebestreifen einen Zahnstocher.

DAS BRAUCHEN WIR

- Pappe, Packpapier, Papier (weiß, grau), Wellpappe, Zahnstocher, Schaschlikspieß, Korken
- Grundausrüstung + Furniermesser

TIPPS

- Am besten präsentierst du die Schafe, wenn du einen Wellpappestreifen abschneidest, diesen irgendwo (z.B. bei einem Fensterbrett, an der Wand ...) anbringst und die Zahnstocher in die Wellpappe-Öffnungen steckst.
- Besonders zur Osterzeit ist das eine passende Dekoration.

ZIEGE

Auf und ab, hin und her, vor und zurück: Ziegen lieben es, ständig in Bewegung zu sein, über Weiden zu laufen, über Stock und Stein zu springen, nach Futter zu suchen oder sich nach den saftigsten Blättern zu recken. Wenn sie mal zwischendurch eine Pause brauchen, suchen sie sich meist Plätzchen aus, die etwas höher gelegen sind, um so alles im Blick zu haben. Los geht der Papprollenziegen-Bastelspaß! Mäkmääääk!

SO WIRD'S GEMACHT

1 Male die Papprolle mit den Wasserfarben beliebig an. Sobald die Farbe trocken ist, kannst du Papierstückchen als Flecken aufkleben.

2 Fertige die Papieraugen an und befestige sie an der Papprolle. Schneide vom beigen Papier den Ziegenbart aus, zeichne einige Haare auf und bringe auch diesen an der richtigen Stelle an.

3 Schneide aus dem beigen Papier noch zwei gebogene Hörner, aus dem Packpapier die Ohren und aus dem weißen Papier das Ohrinnere aus. Verziere die Hörner mit schwarzen Strichen und klebe sie auf. Klebe das Ohrinnere auf die beiden Ohren. Um die Ohren gut an der Papprolle befestigen zu können, biegst du die unteren Ohrränder nach hinten, bestreichst sie mit Kleber und drückst sie auf die Papprolle.

DAS BRAUCHEN WIR

- Papprolle, Papier (weiß, beige), Packpapier
- Grundausrüstung

TIPPS

- Mama-Ziege, Papa-Ziege, Baby-Zicklein: Verwende unterschiedlich große Papprollen, um eine ganze Ziegen-Familie zu basteln!
- Lustig sehen die Ziegen auch aus, wenn du ihnen baumelnde „Arme“ anbringst. Dazu zwei Packpapierstreifen zieharmonikaartig zusammenfalten, links und rechts am Ziegenkörper anbringen und je eine Papierhufe am Ende befestigen.

LAMA

Wusstest du, dass Lamas zu der Familie der Kamele gehören, auch wenn sie nicht die typischen Höcker am Rücken haben? Außerdem sind sie gute Schwimmer und haben eine gespaltene, sehr bewegliche Oberlippe. Bastle doch diese netten Lama-Briefumschläge nach und bereite jemandem mit einem selbst geschriebenen Brief eine Freude.

SO WIRD'S GEMACHT

1 Schneide vom Packpapier eine rechteckige Form aus und falte sie zu einer Tüte: Dafür faltest du das Rechteck einmal genau in der Mitte (kurze Seite auf kurze Seite). Dann faltest du den linken und rechten Rand einmal nach innen und befestigst beide mit Klebestreifen. Auch die Tütenöffnung wird nach hinten gebogen, aber noch nicht befestigt.

2 Bemale mit deinen Wasserfarben die Magazinseite beliebig und warte, bis die Farbe trocken ist. Schneide anschließend den Lamakopf (die Ohren nicht vergessen!) aus. Klebe die ausgeschnittene Form auf ein weißes Blatt, schneide sie wiederum aus und lasse dabei etwas Rand. Bringe den ausgeschnittenen Lamakopf auf der Tüte an.

3 Schneide aus dem beigen Papier eine wolkenartige Form für das Gesicht und zwei Ovale für das Ohrinnere aus. Schneide oder stanze aus buntem Papier unterschiedlich große Papierkreise aus. Klebe die Papierkreise der Größe nach aufeinander und befestige sie am Hals. Zeichne das Gesicht auf. Reiße vom weißen Papier eine Form aus, auf welche nachher die Adresse geschrieben wird, und bringe sie ebenfalls an. Fertig.

DAS BRAUCHEN WIR

- Packpapier, Magazinseite, Papier (weiß, beige, beliebig)
- Grundausrüstung

TIPPS

- Du kannst die Lamas auch aus Packpapier oder einem bunten Papier ausschneiden.
- Mit diesen selbst gebastelten Lamas kannst du auch tolle Glückwunschkarten oder Mini-Büchlein gestalten.

TIERE IM WALD

Jetzt lassen wir den Bauernhof hinter uns und machen einen Ausflug in den Wald. Bären, Füchse, Waschbären, Eulen, Eichhörnchen und so manch anderes Waldtier haben sich auf den nächsten Seiten angesiedelt. Sie können es kaum erwarten, von dir Besuch zu bekommen. Und, wer weiß, vielleicht wird ja schon bald eines dieser Tiere bei dir zu Hause einziehen? Die Waldtiere, aber auch ich, würden uns sehr darüber freuen! Bist du bereit für die flinken Fingerabdruck-Ameisen, die niedlichen Füchse als Stiftemaskottchen und die „bärigen" Lesezeichen? Super, denn jetzt geht's los ...

BÄR

Bären sind richtige Feinschmecker: Früchte und Beeren, junge Knospen und Wurzeln, Krebse, Fische und Ameisen, aber auch Vogeleier und Honig gehören zu ihren Lieblingsspeisen. Vom Frühling bis zum Herbst fressen sich Bären eine dicke Fettschicht für ihre Winterruhe an. Im Winter nämlich schlafen sie die meiste Zeit. Keine Sorge: Diese Bärenlesezeichen halten keine Winterruhe. Sie sind auch in der kältesten Jahreszeit aktiv und zeigen dir verlässlich, wo du in deinem Lieblingsbuch gerade bist.

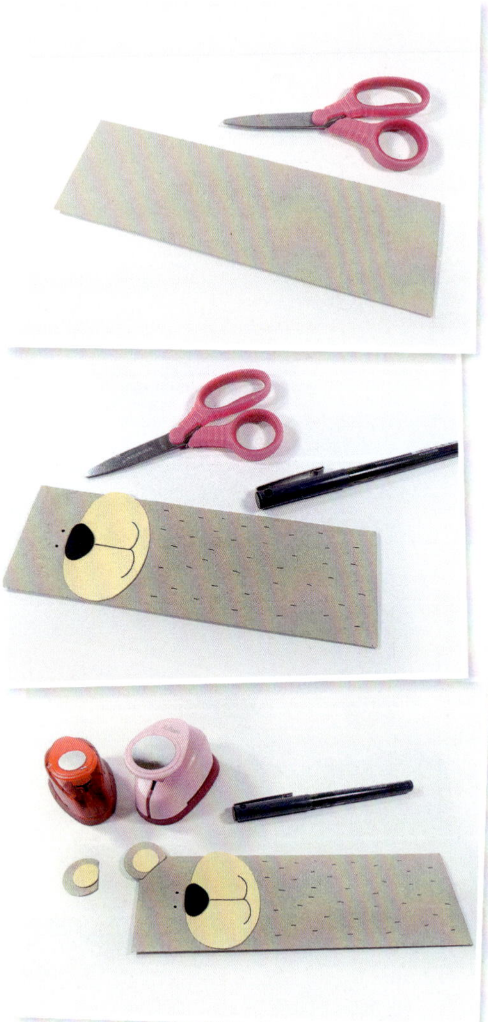

SO WIRD'S GEMACHT

1 Schneide vom Packpapier ein beliebig großes Rechteck aus. Falte dieses einige Male, bis du ein stabiles Rechteck erhältst. Bestreiche die Innenseite der letzten Papierschicht mit etwas Kleber und drücke sie fest.

2 Schneide aus dem beigen Papier eine ovale Form für die Schnauze und aus dem schwarzen Papier die Nase aus. Bringe beide Teile wie im Foto an. Zeichne die Augen, die Schnauze sowie einige struppige Haare auf.

3 Schneide oder stanze für die Ohren aus dem Packpapier zwei Kreise und aus dem beigen Papier zwei kleinere Kreise aus. Klebe die kleineren auf die größeren Kreise, schneide jeweils den unteren Rand ab und befestige die Ohren am Bären.

DAS BRAUCHEN WIR

- Packpapier, Papier (beige, schwarz)
- Grundausrüstung

TIPPS

- Wenn du kein Packpapier, sondern einen stabilen Karton verwendest, kannst du Schritt 1 überspringen. Schneide ein beliebig großes Rechteck aus und fahre mit Schritt 2 fort.
- Du kannst auf die Bärenkörper auch kleine Muster mit einem schwarzen Stift aufzeichnen.

FUCHS

Füchse sind sehr geschickt und sportlich: Sie können bis zu fünf Meter weit und zwei Meter hoch springen. Auch beim Laufen sind sie sehr flink. An der Schnauze und an den Pfoten haben sie Tasthaare, mit denen sie auch die kleinsten Bewegungen und Erschütterungen wahrnehmen. Wenn Mäuse noch so leise durchs Gras huschen, entgeht das einem Fuchs nicht. Hoffen wir nur, dass die Mäuse auf S. 68 wirklich mucksmäuschenstill sind und dass unsere Füchse hier nicht durch den Blätterwald dieses Buches huschen, um zu jagen ...

SO WIRD'S GEMACHT

1 Schneide aus der Pappe ein Dreieck aus. Bestreiche das Dreieck mit Kleber, lege es auf das weiße Papier und schneide es wiederum genau aus. Reiße das orange Papier, wie im Foto, zurecht und klebe es auf.

2 Schneide oder stanze aus dem schwarzen Papier einen Kreis für die Nase aus. Aus dem orangen Papier fertigst du die Ohren und aus der Magazinseite das Ohrinnere an. Klebe nun alles auf! Zeichne mit dem schwarzen Stift die Augen und einige Haare auf die orange Fellzeichnung.

3 Drehe den Fuchskopf um. Schneide einen Papierstreifen zurecht, den du einige Male um einen Buntstiftstiel wickelst und mit Kleber fixierst. Ziehe das so erhaltene Papierröllchen vorsichtig herunter und drücke den oberen Rand nach innen. Befestige das Papierröllchen auf der Rückseite des Fuchskopfes.

DAS BRAUCHEN WIR

- Pappe, Papier (weiß, orange, schwarz), Magazinseite
- Grundausrüstung + Buntstifte/Stifte

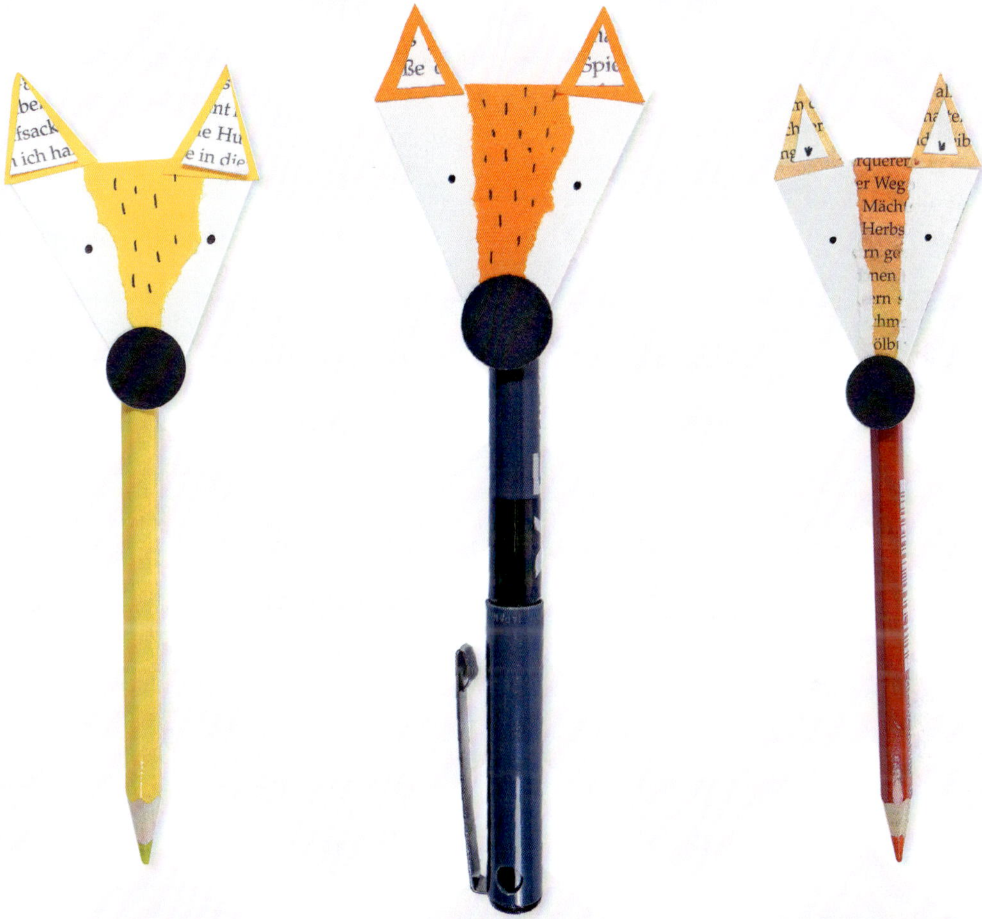

TIPPS

- Diese Stifte-Maskottchen kannst du gut, z.B. mit einer Packung Buntstifte, einem Freund oder einer Freundin zum Geburtstag schenken.
- Überlege dir bei Schritt 3 gut, auf welchem Stift dein Fuchs bleiben soll. Stifte sind nämlich sehr unterschiedlich dick!

EULE

Eulen haben große Augen, mit denen sie sich auch bei wenig Licht gut zurechtfinden können. Das kommt ihnen zugute, wenn sie nachts jagen – ebenso wie ihre lautlosen Flügel und das perfekte Gehör. Die edlen Pappeulen werden sich aber sicher nicht nachts auf Beutezug davonstehlen, wenn du tief und fest schläfst! Da kannst du ganz beruhigt sein. Deine Eulen werden am nächsten Morgen noch an der exakt selben Stelle sitzen und dich mit ihren großen Augen anschauen ...

SO WIRD'S GEMACHT

1 Schneide aus der Pappe einen Eulenkörper, wie im Foto, aus. Schneide beliebig farbiges Papier sowie die Magazinseite in unterschiedlich große Dreiecke und klebe sie der Größe nach aufeinander.

2 Schneide oder stanze aus dem orangen Papier zwei Kreise für die Füße und aus einem beliebig farbigen Papier zwei größere Kreise für die Augenumrandung aus. Schneide außerdem einen Schnabel aus. Nimm die orangen Kreise und schneide zwei „Kuchenstücke" heraus, sodass du die Füße der Eule erhältst. Klebe sie auf. Zeichne auf die Augenumrandung vom Mittelpunkt ausgehende Striche auf und fertige die Papieraugen an. Klebe alle Papierteile an die richtigen Stellen.

3 Schneide aus der Pappe zwei Flügel aus, verziere sie mit kleinen, gezeichneten Federn und befestige sie an der Eule.

DAS BRAUCHEN WIR

- Pappe, Papier (weiß, orange, beliebig), Magazinseite
- Grundausrüstung

TIPPS

- Bringe an der Rückseite eine Schnur zum Aufhängen an oder verwende die Eulen als Blumenstecker.
- Auch Wellpappe, buntes Papier oder Magazinseiten machen sich als Flügel gut.

IGEL

Wusstest du, dass der Igel nach seiner Lieblingsspeise benannt ist? „Igel“ bedeutet nämlich so viel wie „Schlangenfresser“. Insekten, Schnecken, Regenwürmer und Frösche, Mäuse und Vögel, aber eben auch Schlangen gehören zum Menü des Igels. Diese niedlichen Igelchen kannst du ganz leicht aus Zündholzschachteln nachbasteln. Und nein ... Die Tiere in diesem Bastelbuch, die zur Leibspeise der Stacheltiere gehören, müssen sich vor diesen süßen Gesellen ganz bestimmt nicht fürchten.

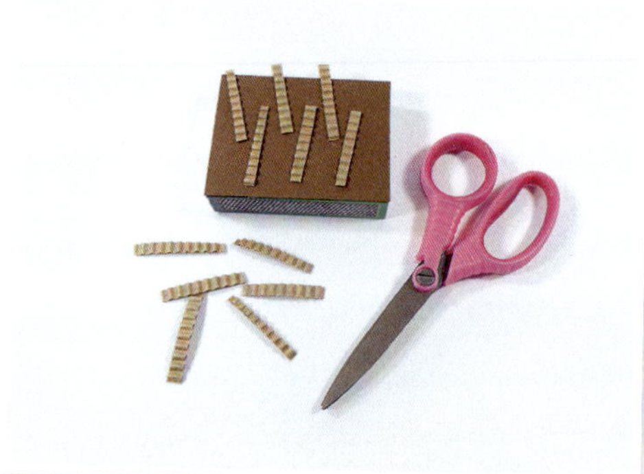

SO WIRD'S GEMACHT

1 Bestreiche eine Seite der Zündholzschachtel mit Kleber, lege das braune Papier darüber und streife einige Male darüber. Schneide das überstehende Papier ab. Schneide die Wellpappe in kleine Streifen und bringe diese kreuz und quer an.

2 Schneide aus dem beigen Papier den Igelkopf aus. Schneide oder stanze aus dem braunen Papier einen Kreis für die Nase aus und klebe sie auf. Biege den linken Rand des Kopfes nach hinten, bestreiche ihn mit Kleber und bringe ihn an der Seitenwand der Zündholzschachtel an.

3 Schneide oder stanze aus dem beigen Papier zwei Kreise aus, schneide sie genau in der Mitte durch und klebe sie als Füßchen an.

DAS BRAUCHEN WIR

- Aufschiebbare Zündholzschachtel, Papier (beige, braun), Wellpappe
- Grundausrüstung

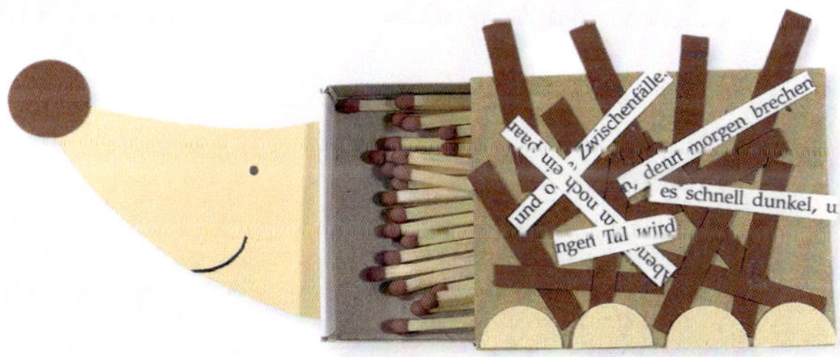

TIPPS

- Wenn das beige Papier nicht stabil genug ist, kannst du es doppelt nehmen, es zusätzlich auf Pappe kleben oder Karton verwenden.
- Du kannst die Zündhölzer entfernen und den Igel als kleine Aufbewahrungsbox verwenden oder die Zündhölzer drinnen lassen und mit dem Zündholzigel Mama und Papa, Oma und Opa ... überraschen.

EICHHÖRNCHEN

Eichhörnchen verstecken stets Nüsse, Eicheln und Samen an verschiedensten Orten in Wäldern und Parks. Da sie sich aber oft nicht an diese guten Verstecke erinnern und ihre Nahrungsschätze nicht mehr wiederfinden, tragen sie dazu bei, dass viele neue Sträucher und Bäume wachsen. Diese Pappeichhörnchen vergraben nichts. Sie denken nur daran, die von dir persönlich verfassten Einladungen an die richtigen Menschen zu überbringen. Ganz schön viel Verantwortung für diese kleinen Tierchen ...

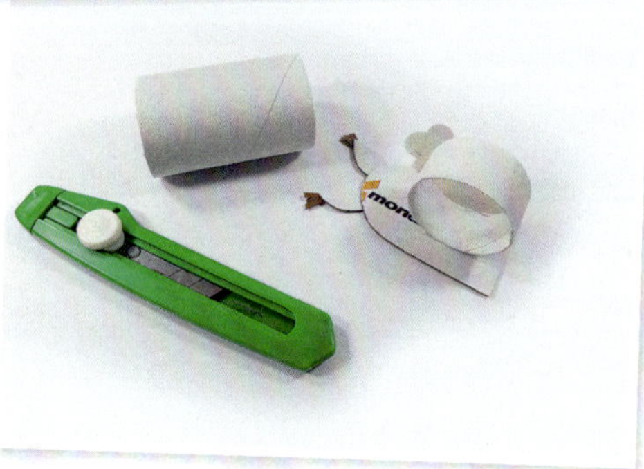

SO WIRD'S GEMACHT

1 Schneide aus der Pappe den Eichhörnchenkörper und die Ohren, aus dem weißen Papier das Ohrinnere und den Bereich um die Schnauze und aus dem grauen Papier einen buschigen Schwanz aus. Bringe die ausgeschnittenen weißen Teile an den richtigen Stellen an und klebe die Ohren auf. Bestreiche den unteren rechten Rand des Schwanzes mit Bastelkleber und drücke ihn von hinten auf das Eichhörnchen.

2 Schneide aus dem braunen Papier die Nase und zwei Ohrbüschel aus und bringe sie an. Verziere den Schwanz mit kleinen Strichen und zeichne das Gesichtchen auf.

3 Bitte eine erwachsene Person, von der Papprolle vorsichtig mithilfe des Furniermessers ein Stück abzuschneiden. Drehe das Eichhörnchen um und befestige das Papprollenstück mit Bastelkleber am unteren Rand.

DAS BRAUCHEN WIR

- Pappe, Papier (weiß, braun, grau), Papprolle
- Grundausrüstung + Furniermesser

TIPP

- Schreibe die Einladung oder einen netten Gruß auf ein Blatt Papier, rolle es zusammen und stecke es in das Papprollenstück. Sobald sich das Papier wieder öffnet, passt es sich der Form der Papprolle an und rutscht nicht mehr heraus.

WASCHBÄR

Waschbären finden einen Großteil ihrer Nahrung (Fische, Krebse, Frösche ...) im Wasser. Wenn sie ihre Futterschätze mit ihren Vorderpfoten fangen, sieht es so aus, als würden sie sie waschen. Daher kommt ihr Name. Unsere drei Zeitungswaschbären hier sind aber wasserscheu. Sie fühlen sich auf Kinderhänden bzw. -fingern am wohlsten und machen am liebsten einen großen Bogen um alles, was nass ist ...

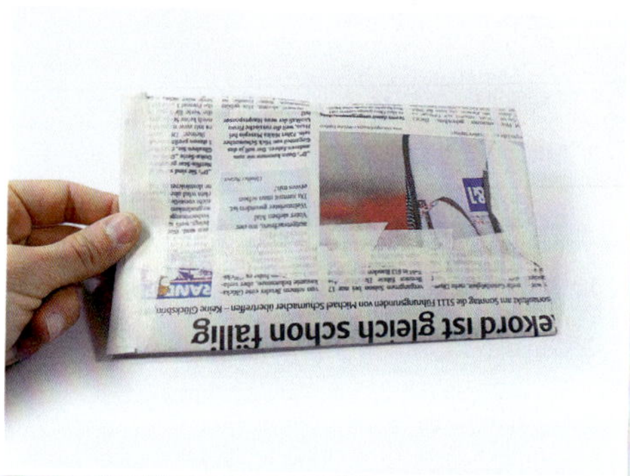

SO WIRD'S GEMACHT

1 Schneide aus der Zeitung eine rechteckige Form aus. Falte sie zu einer Tüte, indem du das Rechteck in der Mitte zusammenklappst und die Ränder rechts und links umbiegst. Befestige diese mit Klebestreifen. Drehe dann die Tüte um.

2 Schneide aus dem schwarzen Papier zwei regentropfenartige Formen und die Nase aus. Klebe die beiden Formen mit den Spitzen nach außen auf das weiße Papier, schneide sie aus und lasse dabei rund um die Formen sowie unten, wo die Schnauze hinkommt, einen weißen Rand. Fertige die Papieraugen an und klebe sie auf. Reiße von der Zeitung einen dünnen Streifen ab und klebe ihn zwischen die Augen. Bringe die Nase an und zeichne das Schnäuzchen auf.

3 Schneide aus dem schwarzen Papier den Schwanz aus. Reiße von der Zeitung Streifen ab, klebe sie über den Schwanz und schneide Überstehendes ab. Bringe den Schwanz am Waschbären an. Reiße vom weißen Papier ein abgerundetes Stück für den Bauch ab, klebe es an und zeichne kleine Striche darauf. Die Ohren werden aus Zeitungspapier und schwarzem Papier angefertigt und angeklebt.

DAS BRAUCHEN WIR

- Zeitungspapier, Papier (schwarz, weiß)
- Grundausrüstung

TIPP

- Mach den Waschbären kleiner und verwende ihn als süße Fingerpuppe.

HIRSCH

Schau dir mal die prächtigen Geweihe dieser beiden Hirsche an! Richtig edel. Oder? Wusstest du, dass Hirsche Ende Winter bzw. Anfang Frühling ihr altes Geweih abwerfen? Dann wächst wieder ein neues nach. Gut, dass die gebastelten Hirsche nicht jährlich ihr Geweih wechseln und dieses immer größer und verzweigter wird ... Such in eurer Wohnung einen passenden Platz an der Wand, an der es sich ab sofort ein stolzer Hirsch bequem machen darf.

SO WIRD'S GEMACHT

1 Reiße aus dem Packpapier den Kopf, zwei Ohren und den Halsbereich für den Hirsch zurecht und bringe die Teile am Pappteller an.

2 Reiße aus der Magazinseite das Innere für die Ohren, kleine Stückchen für die Stirn und ein abgerundetes Stück für den Halsbereich zurecht und klebe die Papierteile auf. Reiße aus dem weißen Papier einen Kreis (Schnauzenbereich) zurecht, den du ebenfalls anbringst.

3 Schneide oder stanze aus dem schwarzen Papier die Nase aus und klebe sie auf. Zeichne die Augen und die Schnauze auf. Aus dem braunen Papier schneidest du ein prächtiges Geweih aus und befestigst es. Stich mit deiner Schere am oberen Rand des Papptellers vorsichtig zwei Löcher und befestige daran ein Stück Juteschnur zum Aufhängen.

DAS BRAUCHEN WIR

- Rechteckiger Pappteller, Papier (weiß, braun, schwarz), Packpapier, Magazinseite, Juteschnur
- Grundausrüstung

TIPP

- Wenn du keinen Pappteller hast, kannst du als Untergrund auch ein Stück Pappe nehmen. Wichtig ist nur, dass sich dieses farblich vom Hirsch gut unterscheidet.

AMEISE

Bestimmt hast du schon manchmal im Wald mächtige Ameisenhaufen gesehen. Oft wimmelt es hier von Ameisen. Diese kleinen Tierchen leben in großen Staaten zusammen. Jede einzelne Ameise hat eine ganz bestimmte Aufgabe: Es gibt zum Beispiel Arbeiterinnen, die für den Bau zuständig sind. Soldatinnen, die das Nest verteidigen. Außendienst-Ameisen, die Futter besorgen. In jedem Bau gibt es eine Ameisenkönigin, die nur Eier legt und so für den Nachwuchs sorgt. Ob es sich bei deinen Krabbeltieren hier wohl um Arbeiterinnen, Soldatinnen, Außendienst-Ameisen oder gar Königinnen handelt?

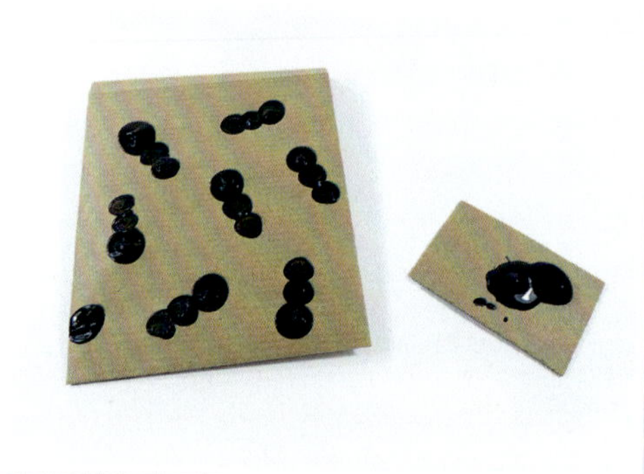

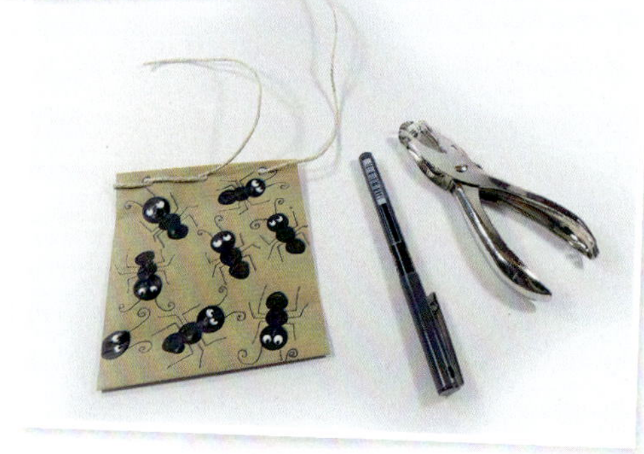

SO WIRD'S GEMACHT

1 Schneide vom Packpapier eine rechteckige Form aus und falte sie zu einer Tüte: Dafür faltest du das Rechteck einmal genau in der Mitte (kurze Seite auf kurze Seite). Biege auch den linken und rechten Rand einmal nach innen. Mit Klebestreifen befestigen. Tauche deinen Zeigenfinger in etwas schwarze Bastelfarbe und drücke mehrmals drei eng aneinanderliegende Abdrücke auf die Tüte. Warte, bis die Farbe trocken ist.

2 Tauche den abgeflachten Teil des Schaschlikspießes in weiße Farbe und stemple damit die Augen auf. Warte wieder, bis die Farbe trocken ist.

3 Male nun mit einem schwarzen Stift die Augen, sechs Beine und die Fühler auf. Mache am oberen Rand der Papiertüte einige Löcher und ziehe ein Stück Juteschnur durch.

DAS BRAUCHEN WIR

- Packpapier, Juteschnur
- Grundausrüstung + schwarze und weiße Bastelfarbe, Schaschlikspieß

TIPPS

- Fülle die Geschenktüten beliebig und verschenke sie!
- Mit dieser Technik kannst du auch süße Geschenkanhänger, Glückwunschkarten, Geschenkpapier und und und machen.

TIERE AUF DER WIESE

Oh je, oh je ... Hier ist ganz schön was los! Auf den folgenden Seiten wimmelt es nur so von Tierchen: Spinnen, Frösche, Bienen, Schmetterlinge, Schnecken, Marienkäfer, Schlangen, Mäuse, Raupen und sogar bunte Vögelchen haben unser Wiesen-Kapitel im Buch ergattert. Ich zeige dir, wie du aus Schraubglas-Deckeln schaurige Spinnen, aus Papiertüten wunderschöne Schmetterlinge und aus Magazinseiten-Perlen ganz besondere Schlangen basteln kannst. Neugierig? Gut, denn du wirst von den Wiesentieren nicht enttäuscht sein. Ich wünsche dir ganz viel Spaß!

nd und Tag (w
Unterwegs verteile
n Snack in Form von
nde lieben und eine gute,
gsnahrung darstellen.
n noch bei Dunkelheit a
iefern, von deren Wi
ähne oder

SPINNE

Wusstest du, dass die größten Spinnennetze der Welt bis zu neun Meter Durchmesser haben können? Die Baumeister hinter solchen gigantischen Netzen sind die sogenannten Riesenradnetzspinnen. Bestimmt hast du auch schon einmal etwas von Vogelspinnen gehört. Diese Spinnen haben einen bis zu zehn Zentimeter langen behaarten Körper. Einige Vogelspinnen „beschießen" ihre Feinde mit sogenannten „Brennhaaren", die fürchterlich brennen. Ob man unseren gebastelten Spinnen hier trauen und sie in die Wohnung lassen kann?

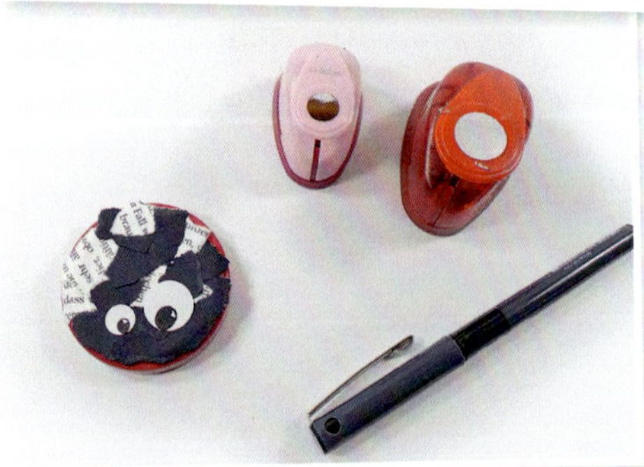

SO WIRD'S GEMACHT

1 Reiße das schwarze Papier und die Magazinseite in kleine Stücke und klebe sie auf den umgedrehten Deckel.

2 Fertige zwei unterschiedlich große weiße Papierkreise an, aus denen du zwei Augen bastelst, und bringe diese an.

3 Zeichne auf weißes Papier acht Spinnenbeine (vier nach rechts und vier nach links), schneide sie aus und bringe sie am Deckel an. Schneide ein Stück Garn ab. Bitte eine erwachsene Person, etwas Heißkleber auf den Deckelrand zu geben und das Garnende dort zu befestigen.

DAS BRAUCHEN WIR

- Deckel (von einem Schraubglas), Papier (weiß, schwarz), Magazinseite, Garn
- Grundausrüstung + Heißklebepistole

TIPPS

- Die Spinnen sind eine schaurige Halloween-Dekoration, wenn du sie von der Decke baumeln lässt.Du könntest die Spinnen auch auf Schaschlikspieße kleben und sie z.B. als Tortendekoration für Halloween verwenden.
- Du kannst deine Spinnen beliebig gestalten. Reiße z.B. kleine Figuren (z.B. ein kleines Kreuz) aus Papier zurecht und bringe sie an oder klebe kleine Kreise, Flecken oder Streifen auf!

FROSCH

Frösche sind wechselwarme Tiere. Das heißt, dass ihre Körpertemperatur von der Umgebungstemperatur abhängt. Wenn es kalt ist, bewegen sich Frösche langsam und träge. Wenn es warm ist, sind auch Frösche viel beweglicher und aktiver. Hast du Lust, witzige Froschdekorationen – egal ob einen Einzelfrosch oder die Fröschchengirlande – nachzubasteln? Quak – quak – quak ...

SO WIRD'S GEMACHT

1 Schneide oder stanze aus dem grünen Papier mehrere gleich große Kreise für den Körper sowie zwei kleinere Kreise aus. Aus dem weißen Papier schneidest oder stanzst du zwei noch kleinere Kreise aus und klebst sie auf die beiden kleinen grünen Kreise. Das werden die Augen.

2 Bestreiche den unteren Bereich der Augen mit Bastelkleber und drücke sie von hinten auf einen großen Kreis. Zeichne dann die Pupillen und ein nettes Gesichtchen auf.

3 Nimm die restlichen großen Kreise und falte sie genau in der Mitte. Klebe immer die Rückseite einer Hälfte mit der Rückseite einer anderen Hälfte aneinander, bis du eine Art Kugel erhältst. Bevor du die letzten beiden Halbkreise zusammenklebst, legst du den unteren Teil eines Juteschnurstückes in die Mitte und befestigst es mit Klebestreifen. Fixiere auch den Kopf mit Klebestreifen an der Juteschnur. Schneide ein Stück Juteschnur ab, schneide oder stanze zwei kleine grüne Kreise aus, falte sie in der Mitte, bestreiche die Innenseiten mit Bastelkleber und bringe sie an beiden Enden als Händchen an. Bringe die Ärmchen zwischen Körper und Kopf mit einem Knoten an der Schnur an.

DAS BRAUCHEN WIR

- Papier (weiß, grün), Juteschnur
- Grundausrüstung

TIPPS

- Die Froschgirlande ist eine niedliche Dekoration fürs Fenster.
- Du kannst auch tropische Frösche basteln. Dort gibt es nämlich kunterbunte – gelbe, rote, türkisblaue – „Quaker".

BIENE

Honigbienen sind sehr soziale Tiere, die gemeinsam in einem großen Bienenstaat leben. Ein solcher Bienenstaat, auch Volk oder Kolonie genannt, besteht aus mehreren Tausend Bienen. Auch hier, ähnlich wie bei den Ameisen, sind die Arbeiten genau verteilt. Die Arbeiterinnen sind beispielsweise für das Putzen, die Versorgung des Nachwuchses, den Wabenbau, das Bewachen des Bienenstockes, das Pollensammeln und und und zuständig. Die sympathischen Bienchen in diesem Bastelbuch haben da ein gemütlicheres Leben und dürfen einer schönen Blume Gesellschaft leisten ...

SO WIRD'S GEMACHT

1 Schneide aus der Pappe einen Bienenkörper (oben abgerundet und unten spitz) aus und umwickle den mittleren Bereich abwechselnd mit gelbem und schwarzem Garn.

2 Schneide oder stanze aus dem weißen und aus dem gelben Papier je zwei kleine Kreise aus. Bringe die weißen Kreise am Bienenkörper an. Zeichne dann die Pupillen und das Gesichtchen auf. Schneide aus der Pappe zwei dünne Streifen für die Fühler ab, bestreiche den unteren Rand mit Bastelkleber und drücke sie von hinten auf die Biene. Bringe die gelben Kreise an.

3 Schneide aus dem hellblauen Papier zwei Flügel aus und bringe sie von hinten an der Biene an. Drehe die Biene um und befestige den Schaschlikspieß mit Klebestreifen.

DAS BRAUCHEN WIR

- Pappe, Garn (schwarz, gelb), Papier (weiß, hellblau, gelb), Schaschlikspieß
- Grundausrüstung

TIPPS

- Du kannst auch eine süße Bienen-Girlande fürs Fenster basteln oder die Bienen auf Glückwunschkarten kleben.
- Du kannst den Bienenkörper auch mit gelben und schwarzen (gerissenen) Streifen überkleben.

SCHMETTERLING

Wusstest du, dass Schmetterlinge ihre Nahrung über einen langen Rüssel aufnehmen? Der Rüssel eines Schmetterlings kann so lang sein wie der gesamte Körper. Schmetterlinge saugen damit die wohlduftenden, süßen Säfte der Blüte auf. Einige Schmetterlinge bevorzugen den Saft von faulenden Früchten. „Na dann Mahlzeit, ihr lieben Verwandten", denken sich vielleicht diese drei bunten Papierfalter.

SO WIRD'S GEMACHT

1 Biege die Öffnung der Papiertüte nach hinten und befestige sie mit Klebestreifen. Bemale die Vorderseite der Tüte mit den Wasserfarben. Sobald die Farbe trocken ist, drückst du den mittleren Bereich der Tüte fest zusammen und bindest ein Stück Schnur darum.

2 Verziere die so entstandenen Flügel mit bunten Papierschnipseln.

3 Schneide aus der Pappe den Schmetterlingskörper aus (oben abgerundet und unten spitzer) und umwickle den mittleren Bereich mit dem Garn. Zeichne das Gesichtchen auf. Zeichne auf das weiße Papier zwei Fühler, schneide sie aus und bringe sie an. Befestige den Schmetterlingskörper an den Flügeln.

DAS BRAUCHEN WIR

- Papiertüte, Pappe, Papier (weiß), bunte Papierschnipsel, Garn (beliebig)
- Grundausrüstung

TIPPS

- Bringe eine Schnur zum Aufhängen an oder befestige den Schmetterling mit Klebestreifenröllchen an der Wand.
- Besonders gut wirken die Schmetterlinge, wenn du mehrere verschiedene anfertigst.

SCHNECKE

Schnecken sind ja bekanntlich richtige „Raser“. Eine Weinbergschnecke zum Beispiel kann pro Minute bis zu sieben Zentimeter zurücklegen. Nach einer Stunde hätte eine Weinbergschnecke mit dieser Höchstgeschwindigkeit mal gerade etwas mehr als vier Meter zurückgelegt! Wenn also eines schönen Tages unsere Schneckenbande hier sich dazu entschließen sollte, aus diesem Bastelbuch auszubrechen, würde sie bestimmt nicht weit kommen.

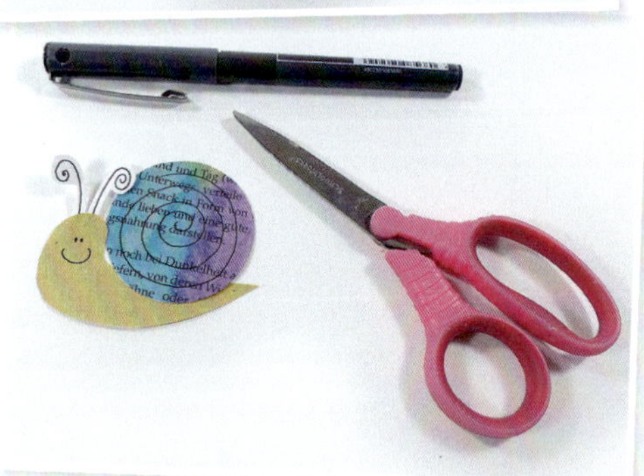

SO WIRD'S GEMACHT

1 Male die Magazinseite beliebig mit Wasserfarben an. Verwende viel Wasser, sodass die Farben miteinander verlaufen und es zu schönen Farbeffekten kommt. Warte, bis die Farbe trocken ist.

2 Schneide oder stanze Kreise aus und zeichne mit dem schwarzen Stift die typische Spirale auf.

3 Schneide aus dem Packpapier den Schneckenkörper aus und zeichne ein nettes Gesichtchen auf. Auf das weiße Papier zeichnest du zwei Fühler, schneidest sie aus und klebst sie von hinten auf die Schnecke. Auch das Schneckenhaus wird auf die Schnecke geklebt.

DAS BRAUCHEN WIR

- Magazinseite, Packpapier, Papier (weiß)
- Grundausrüstung

TIPPS

- Du kannst die Schneckenkörper auch aus brauner Pappe oder buntem Papier ausschneiden.
- Verziere mit diesen Schnecken Geschenke, Briefumschläge, Glückwunschkarten, Schachteln, Heftchen ... oder verwende sie als niedliche Blumenstecker (Schaschlikspieß an der Rückseite anbringen!) oder Deko-Girlande.

MARIENKÄFER

Wusstest du, dass erwachsene Marienkäfer nur ganz selten von anderen Tieren gefressen werden? Der Grund: Wenn sich Marienkäfer bedroht fühlen, geben sie eine übel riechende und bitter schmeckende Flüssigkeit ab und schwuppdiwupp, treten die Angreifer ihren Rückzug an! Praktisch, oder? Diese süßen Papiermarienkäfer wissen nichts von den Abwehrpraktiken ihrer lebenden Verwandten. Stattdessen überbringen sie verlässlich kleine Nachrichten und verleihen Geschenken das gewisse Etwas.

SO WIRD'S GEMACHT

1 Schneide oder stanze aus dem roten und dem schwarzen Papier zwei gleichgroße Kreise aus.

2 Falte den roten Kreis genau in der Mitte. Stanze mit dem Locher mehrere schwarze, kleine Kreise aus. Klebe sie auf eine Hälfte des roten Kreises.

3 Nimm den roten, zusammengefalteten Kreis, bestreiche die Unterseite mit Bastelkleber und bringe ihn am schwarzen Kreis an. Fertige die Papieraugen an und klebe sie auf. Zeichne auf das weiße Papier zwei Fühler und schneide sie aus. Falte nun den unteren Bereich der beiden Fühler nach hinten und bestreiche ihn mit Bastelkleber. Bringe die Fühler so am Marienkäfer an.

4 Nun kannst du eine nette Botschaft auf den roten Kreis schreiben.

DAS BRAUCHEN WIR

- Papier (weiß, schwarz, rot)
- Grundausrüstung

TIPPS

- Die Marienkäfer kannst du an Geschenken oder Glückwunschkarten anbringen!
- Auch als Glücksbringer kannst du mit den Marienkäfern einem lieben Menschen eine Freude machen.

SCHLANGE

Wusstest du, dass die kleinsten Schlangen nur zehn Zentimeter und die größten, wie beispielweise der Tigerpython, bis acht Meter und die Anakonda in Südamerika bis neun Meter lang sind? Das ist wirklich ziemlich groß. Bei den Papierperlen-Schlangen, die sich hier über die Seite schlängeln, entscheidest du, ob es sich um kurze oder eeeeewig lange Schlangen handelt! Pass nur auf, dass dich beim Basteln keine Schlange beißt!

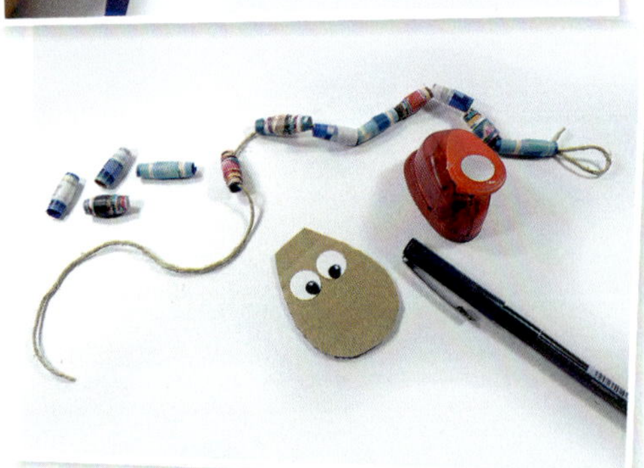

SO WIRD'S GEMACHT

1 Suche dir eine Seite im Magazin aus und schneide Streifen ab, die von einer Seite bis zu der gegenüberliegenden Seite reichen und immer dünner werden.

2. Nimm den Stift mit dem runden Stiel. Lege die breitere Seite des Streifens an den Stiel und beginne, den Streifen eng um den Stift zu wickeln, bis nur mehr wenige Zentimeter übrig sind. Bestreiche das Ende des Streifens mit etwas Kleber und wickle es weiter um den Stiftstiel. Ziehe die so erhaltene Papierperle vorsichtig vom Stiel und fertige weitere Perlen an.

3 Schneide aus der Pappe den Schlangenkopf aus, fertige die Augen an und befestige sie am Kopf. Schneide ein Stück Juteschnur ab, mache am Ende eine Schlaufe und fädle die Perlen nacheinander auf. Zum Schluss befestigst du die Schnur mit etwas Klebestreifen auf der Rückseite des Kopfes.

DAS BRAUCHEN WIR

- Pappe, Papier (weiß), Magazin, Juteschnur
- Grundausrüstung + Stift mit rundem Stiel

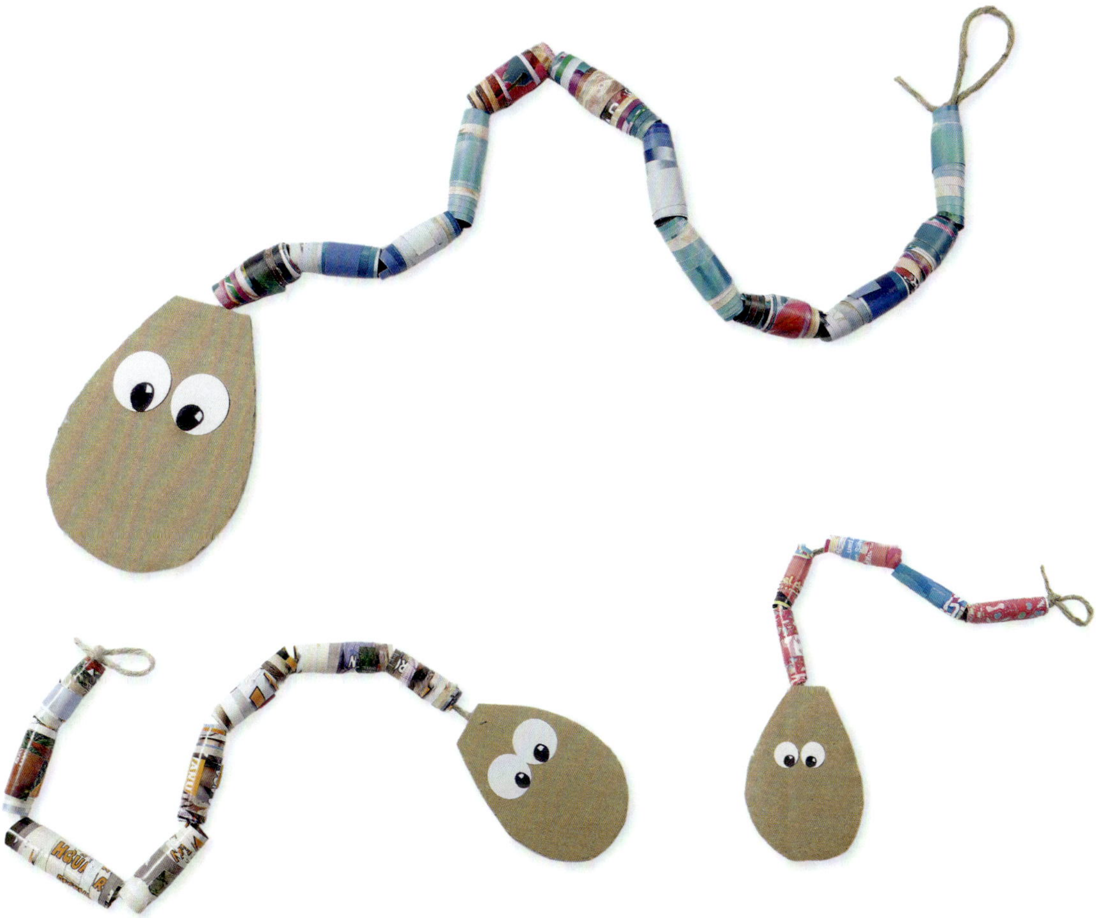

TIPPS

- Am besten eignen sich die Magazin-Umschlagseiten, da diese meist aus etwas stabilerem Papier bestehen.
- Natürlich kannst du für die Papierperlen auch buntes Papier verwenden.
- Je bunter die Seiten, desto farbenfroher die Schlangen.

MAUS

Mäuse sind ausgezeichnete Läufer, Springer, Kletterer und sogar Schwimmer. Sie sind Allesfresser, ernähern sich aber am liebsten von Pflanzenteilen wie Wurzeln und Samen, von Getreide und von Nüssen. Aus etwas Pappe kannst du dir ganz einfach diese niedlichen Maus-Fingerpuppen basteln, die leider nicht alleine laufen, springen oder klettern – so wie ihre pelzigen Verwandten. Diese Pappmäuse können es aber kaum erwarten, gemeinsam mit dir (auf deinem Finger sitzend) spannende Abenteuer zu erleben.

SO WIRD'S GEMACHT

1 Schneide aus der grauen Pappe einen großen Kreis für den Kopf und zwei kleinere Kreise für die Ohren aus.

2 Schneide oder stanze aus dem hellrosaroten Papier das Ohrinnere aus, klebe es auf die Ohren und bringe sie von hinten am Mauskopf an. Schneide aus dem schwarzen Papier die Nase aus, klebe sie auf und male der Maus ein freundliches Gesichtchen auf.

3 Wickle einen Papierstreifen einige Male um deinen Finger, fixiere das Papierröllchen dann und befestige es an der Rückseite des Mausekopfes.

DAS BRAUCHEN WIR

- Graue Pappe, Papier (schwarz, hellrosa)
- Grundausrüstung

TIPPS

- Beim Basteln solltest du dir genau überlegen, auf welchem Finger die Maus sitzen soll, da die Finger ja unterschiedlich dick sind und später die Größe nicht mehr passen könnte.
- Maus auf den Finger und los geht's! Singe, tanze, spreche und erkunde die Welt (oder eure Wohnung) mit ihr!

RAUPE

Raupen fressen, fressen und fressen, wie du vielleicht schon in der Geschichte von der Raupe Nimmersatt einmal gehört hast. Sie müssen nämlich schnell die Nährstoffe aufnehmen, die sie brauchen, um sich in wunderschöne Schmetterlinge zu verwandeln. Unsere Papierraupen müssen sich gar nicht erst verwandeln. Sie sind schon bunt wie Schmetterlinge. Gib zu, wenn du sie anschaust, kommst du sofort in Bastellaune, oder?

SO WIRD'S GEMACHT

1 Schneide oder stanze kunterbunte Papierkreise in drei (oder mehreren) unterschiedlichen Größen aus. Klebe sie der Größe nach aufeinander.

2 Diese bunten Farbkreise klebst du dann der Reihe nach auf ein Stück Pappe. Für den Kopf der Raupe brauchst du einen einfarbigen Kreis. Verpasse der Raupe ein nettes Gesichtchen. Schneide die Raupe aus. Zeichne auf das weiße Papier Fühler, schneide sie aus und klebe sie von hinten auf den Raupenkopf.

3 Drehe die Raupe um und befestige die beiden kleinen Holzklammern auf gleicher Höhe. Ziehe durch deren Federn ein Stück Juteschnur, die du abschließend zusammenknotest.

DAS BRAUCHEN WIR

- Papier (weiß, beliebig), Pappe, zwei kleine Holzklammern, Juteschnur
- Grundausrüstung

TIPPS

- Fertige kürzere, längere, dickere und dünnere Raupen an. Alle eignen sich gut, um deine Fotos zu präsentieren.
- Mit diesen Raupen kannst du auch wunderbar Glückwunschkarten, Büchlein, Schachteln ... verzieren.

VOGEL

Weißt du eigentlich, dass Vögel von Reptilien abstammen? Die Schuppen der Reptilien haben sich über viele, viele Jahrtausende zu den Federn der Vögel entwickelt, wie wir sie heute kennen. Die meisten unserer Singvögel schlüpfen aber erst einmal völlig nackt aus dem Ei. Sie bleiben im Nest und lassen sich von den Eltern versorgen, bis ihr Federkleid ausgebildet ist und sie fliegen können. Auch unsere bunten Papiervögelchen hier sind solche „Nesthocker" – sie bleiben bei dir, solange du magst. Auch wenn du ihnen natürlich gleich bunte Federn bastelst. Viel Spaß dabei!

SO WIRD'S GEMACHT

1 Lege die runde Schablone so auf die Pappe, dass diese etwas über den Rand hinausragt. Zeichne die Form nach und schneide sie aus. Bestreiche den gerade ausgeschnittenen Kreis mit Bastelkleber, lege ihn auf ein buntes Papier und schneide ihn wiederum genau aus. Schneide aus dem orangen Papier einen Schnabel und zwei Kreise aus.

2 Bringe den Schnabel am Körper an. Reiße ein Stück Magazinseite ab, klebe es auf die Brust des Vögelchens und schneide überstehende Papierteile ab. Zeichne das Auge auf.

3 Zeichne federartige Formen auf buntes Papier auf, schneide sie aus, zeichne die Federkonturen ein und bringe sie am Hinterteil des Vogels an. Den Flügel schneidest du aus der Wellpappe aus und bringst ihn an. Schneide zwei gleich lange Stücke Juteschnur ab. Nimm die orangen Kreise, falte sie in der Mitte, bestreiche ihre Innenseite mit Bastelkleber und bringe sie als Füßchen an den Schnurstücken an, welche du anschließend mit Klebestreifen an der Vogelrückseite befestigst.

DAS BRAUCHEN WIR

- Pappe, Papier (orange, beliebig), Magazinseite, Wellpappe, Juteschnur
- Grundausrüstung + runde Schablone (z.B. Trinkglas)

TIPP

- Klebe den Vogel mit Klebestreifenröllchen direkt an die Wand, bringe eine Schnur zum Aufhängen an der Rückseite an oder verwende ihn als Blumenstecker.

TIERE IM MEER

Ist es nicht wunderbar, im Sommer am Strand zu liegen, dem Wellenrauschen zuzuhören, vom Sand zwischen den Zehen gekitzelt zu werden und auf spannende Strandentdeckungs- oder sogar Schnorcheltouren zu gehen? Dann habe ich eine gute Nachricht für dich: Wir sind jetzt beim Meeres-Kapitel angelangt und, wenn du die folgenden Seiten durchblätterst, kommen Meeres- und Sommergefühle direkt zu dir nach Hause. Krabben, Wale, Fische und andere Meeresbewohner können es kaum erwarten, dich kennenzulernen. Und wenn du beim Durchblättern oder Basteln einmal ganz, ganz still bist, hörst du ja vielleicht die eine oder andere Welle rauschen ...

FISCH

Klein oder groß, dick oder dünn, kurz oder lang, grau oder kunterbunt: Bei Fischen kann man einfach alles finden. Weißt du schon, warum Fische unter Wasser atmen können? Warum sie beim Tauchen nicht wie wir immer wieder auftauchen, um Luft zu holen? Fische besitzen sogenannte Kiemen, mit denen sie den Sauerstoff aus dem Wasser filtern. Praktisch, oder? Schau dir mal an, welcher kunterbunte Fischschwarm hier über die Seite schwimmt. Da bekommt man ja gleich Lust aufs Basteln und Magnet-Angeln.

SO WIRD'S GEMACHT

1 Male die Magazinseite beliebig mit deinen Wasserfarben an. Verwende verschiedene Farben und viel Wasser, um tolle Aquarelleffekte zu erzeugen. Warte, bis die Farbe trocken ist.

2 Schneide aus der bunten Magazinseite einen Kreis aus. Fertige das Papierauge an und klebe es auf. Verziere den Fisch mit kleinen Papierkreisen.

3 Schneide aus beliebigem Papier eine dicke Schmolllippe, eine Rücken- und eine Bauchflosse sowie die Schwanzflosse aus und zeichne die Konturen auf. Bringe alle ausgeschnittenen Teile am Fischkörper an.

4 Drehe den Fisch um und befestige die Büroklammer mit etwas Klebestreifen.

DAS BRAUCHEN WIR

- Magazinseite, Papier (weiß, beliebig), Büroklammern aus Metall
- Für die Angel: Ast, Schnur, Magnet (siehe Tipp)
- Grundausrüstung

TIPPS

- Um die Fische stabiler zu machen, kannst du sie zusätzlich auf Karton kleben und ausschneiden.
- Bastle mehrere Fische! Fertige dann eine Magnet-Angel (ein Stück Schnur am Ast festbinden und am anderen Schnurende einen Magneten fixieren) an und lass den Angelspaß beginnen. Petri Heil!

SCHILDKRÖTE

Auf den vorherigen Seiten hast du schon gelesen, dass Fische dank Kiemen im Wasser atmen können. So gut geht es Meeresschildkröten leider nicht. Sie haben keine Kiemen, sondern Lungen, was bedeutet: Sie müssen immer wieder auftauchen und nach Luft schnappen! Meeresschildkröten haben sich aber so gut an ihre Umgebung angepasst, dass sie für mehrere Stunden tauchen können, ohne Luft zu holen. Ob es in den Meeren wohl auch so wunderschön gemusterte und farbenfrohe Schildkröten gibt wie diese hier?

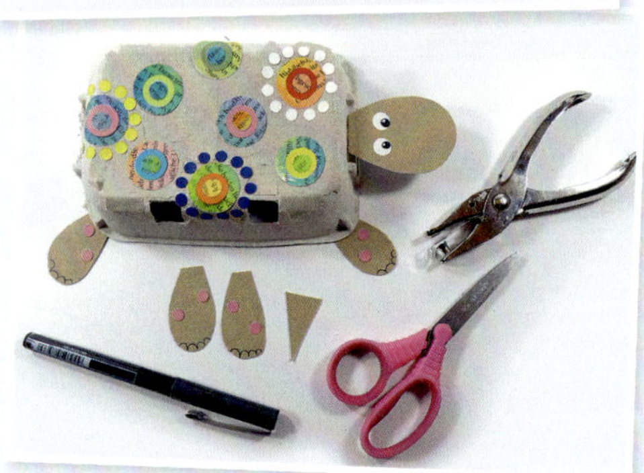

SO WIRD'S GEMACHT

1 Reiße das Packpapier in kleine Stückchen und überklebe damit den Eierkartondeckel.

2 Schneide oder stanze aus den bunten Papieren unterschiedlich große Kreise aus. Besonders schön wird die Schildkröte, wenn du eine Magazinseite mit Wasserfarben kunterbunt anmalst und dann Kreise ausstanzt oder ausschneidest. Klebe die Kreise der Größe nach aufeinander und bringe sie am Schildkrötenpanzer an. Auch mit einem Locher ausgestanzte Mini-Kreise machen sich gut.

3. Schneide aus der Pappe einen Kopf, vier Beine und den Schwanz aus. Fertige die Papieraugen an und klebe sie auf. Befestige die Beine und den Schwanz an der Unterseite des Eierkartondeckels. Male die „Zehen" auf und verziere die Beine mit kleinen Kreisen. Biege den Rand des Kopfes nach hinten, bestreiche ihn mit Bastelkleber und bringe ihn ebenfalls am Panzer an.

DAS BRAUCHEN WIR

- Eierkarton (nur Deckel), Pappe, Packpapier, Papier (weiß, beliebig), Magazinseite
- Grundausrüstung

TIPP

- Du kannst zum Verzieren Papierschnipsel, Farbkreise, kleine Zeichnungen, aber auch Perlen, kleine Steinchen, Ästchen ... verwenden! Lass dir etwas Passendes einfallen!

KRABBE

Wusstest du, dass Krabben nur wachsen können, indem sie sich häuten? Sobald ihr alter Panzer aufplatzt, pumpt sich die Krabbe mit Wasser auf, um den darunterliegenden noch weichen Panzer auszudehnen. Nach einigen Tagen ist der neue Panzer ausgehärtet und „bekleidet" bis zur nächsten Häutung die Krabbe. Ich persönlich denke nicht, dass sich die Krabben auf den Geschenkanhängern häuten. Wäre ja auch total schade, wenn ein solch kunterbunter Panzer aufplatzen würde.

SO WIRD'S GEMACHT

1 Male die Magazinseite beliebig mit Wasserfarben an. Verwende beim Malen viel Wasser und unterschiedliche Farben, damit ein schöner Farbverlauf entsteht. Warte, bis die Farbe trocken ist.

2 Schneide oder stanze einen runden Kreis aus der Magazinseite aus. Falte diesen genau in der Mitte und schneide ihn auseinander. Schneide oder stanze aus einer Kreishälfte zwei kleinere Kreise aus.

3 Schneide aus der Wellpappe ein Rechteck aus. Reiße ein Stück Packpapier ab und klebe es auf das Rechteck. Bestreiche die Rückseite des Halbkreises mit Kleber und bringe ihn an. Schneide die kleinen Kreise genau in der Mitte auseinander und klebe sie als Zangen auf. Fertige die Papieraugen an und befestige sie. Zeichne die Beine und den Mund auf. Verziere das Kärtchen mit kleinen Papierkreisen und bringe ein Stück Juteschnur zum Aufhängen an.

DAS BRAUCHEN WIR

- Wellpappe, Packpapier, Magazinseite, Papier (weiß, beliebig), Juteschnur
- Grundausrüstung

TIPPS

- Mit diesen Krabben kannst du auch Glückwunschkarten, Tischkärtchen, Geschenkpapier ... gestalten.
- Du könntest auch kleine, echte Muscheln oder etwas Sand zum Verzieren verwenden.

WAL

Blauwale sind richtige Giganten: Sie sind die größten Tiere der Erde. Sie können bis zu 28 Meter lang und bis zu 200 Tonnen schwer werden. Elefanten, die gerade mal einige „wenige" Tonnen auf die Waage bringen, sind dagegen fast Leichtgewichte. Gut, dass die gebastelten Wale viel kleiner und leichter sind, sodass sie sich in allen Wohnungen – egal ob klein oder groß – einquartieren können.

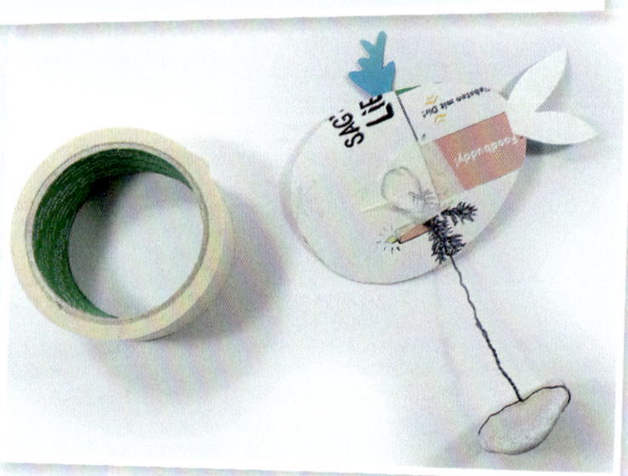

SO WIRD'S GEMACHT

1 Schneide aus der Pappe eine ovale Form aus. Suche dir einige bunte Magazinseiten aus, reiße sie in kleine Stückchen und überklebe damit die Pappform.

2 Bestreiche den unteren Bereich der ovalen Form mit Bastelkleber, lege das weiße Papier darüber und schneide die Form wieder genau aus. Zeichne schwarze Striche auf den weißen Bereich. Schneide aus dem hellblauen Papier die Vorderflosse und eine „Wasserfontäne" aus und bringe sie an den richtigen Stellen an. Aus der Magazinseite schneidest du noch eine Schwanzflosse aus, die du hinten befestigst. Fertige das Papierauge an und klebe es auf.

3 Schneide vom Blumendraht ein Stück (ca. 20 cm) ab. Wickle ein Drahtende einmal um den Stein und verdrehe es so lange, bis es gut hält. Am anderen Drahtende bringst du mit etwas Klebestreifen den Wal an.

DAS BRAUCHEN WIR

- Pappe, Magazin, Papier (weiß, hellblau), Blumendraht, Stein
- Grundausrüstung + Eisenzange

TIPP

- Du kannst auch Buch- oder Magazinseiten mit Wasserfarben bunt anmalen, in Stücke reißen und mit diesen die Pappe überkleben.

DELFIN

Delfine sind sehr gesellige Tiere, die es lieben, mit vielen Artgenossen durch die Meere zu toben. Sie leben in großen Gruppen zusammen und pflegen zu den Gruppenmitgliedern eine enge Bindung. Willst du ein kleines Geheimnis wissen? Diese Delfine aus Korken lieben es nicht nur, mit ihren Artgenossen Spaß zu haben, sondern auch mit Kindern die Badewanne oder das Plantschbecken zu teilen. Mach dich auf einige gewagte Delfinsprünge gefasst!

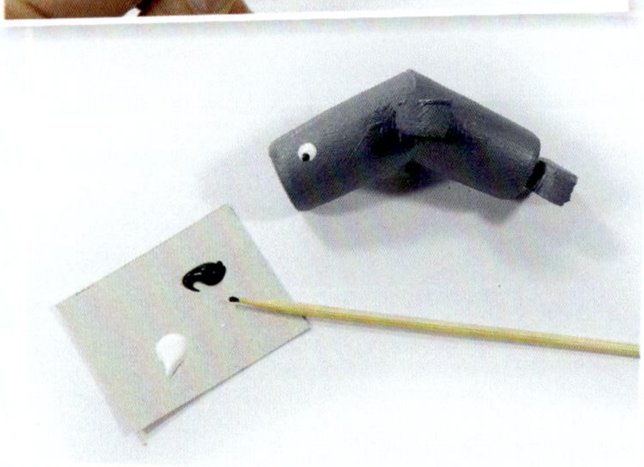

SO WIRD'S GEMACHT

1 Nimm einen Korken und bitte eine erwachsene Person, eine gerade Scheibe davon abzuschneiden. Diese Scheibe wird dann genau in der Mitte auseinandergeschnitten und eine der so erhaltenen Hälften wird nochmals halbiert. Von dem um eine Scheibe verkürzten Korken und dem noch ganzen Korken wird jetzt je ein Ende schräg abgeschnitten.

2 Bitte nun die erwachsene Person, die beiden Korken an den Schnittstellen mit Heißkleber zusammenzukleben. Außerdem befestigt sie die beiden viertel Korkscheiben als Seitenflossen und die halbe Korkscheibe als Schwanzflosse. Nun bist du wieder an der Reihe: Spieße den Delfin vorsichtig mit einem Schaschlikspieß auf und bemale ihn mit grauer Acrylfarbe. Dafür mischt du schwarze mit weißer Acrylfarbe.

3 Warte nach dem Auftragen, bis die Farbe ganz trocken ist. Tauche das stumpfe Ende vom Schaschlikspieß in die weiße Acrylfarbe und stemple dem Delfin rechts und links ein weißes Auge auf. Sobald die Farbe trocken ist, kannst du mit dem spitzen Ende des Schaschlikspießes auch die schwarze Pupille aufstempeln.

DAS BRAUCHEN WIR

- Zwei Korken
- Grundausrüstung + Furniermesser, Heißklebepistole, Acrylfarbe (weiß und schwarz), Schaschlikspieß

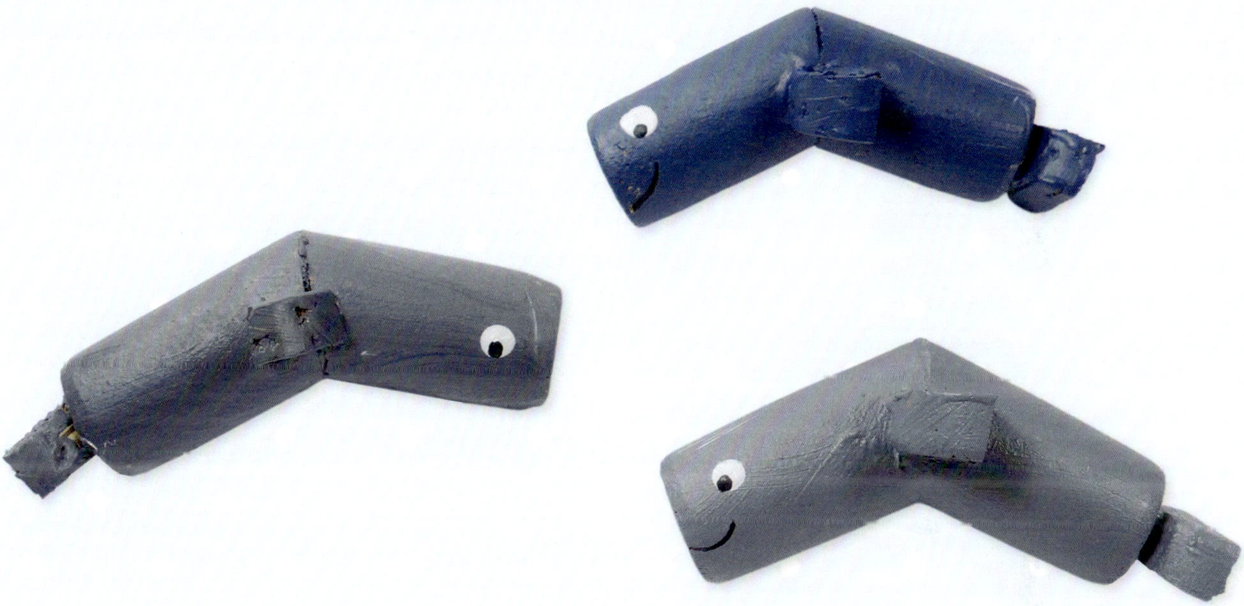

TIPPS

- Stecke die Schaschlikspieße beim Trocknen einfach in einen Blumentopf.
- Spiele mit den Grautönen: Je mehr Weiß du verwendest, desto heller wird der Grauton!

HAI

Wusstest du, dass Haie fantastisch ausgebildete Sinne zum Riechen, Schmecken und Hören haben? Genau aus diesem Grund sind Haie sehr erfolgreiche Raubfische. Zumal ihre wichtigsten Waffen – die scharfen Zähne – sie niemals im Stich lassen: Sie wachsen nämlich ein Leben lang nach. Auch die zwei Haifreunde, die hier im Buch die Aufgabe haben, Einladungen zu überbringen, haben ganz schön viele Zähne. Nur gut, dass diese aus Papier bestehen. Vorsicht ist bei diesen weit aufgerissenen Mäulern trotzdem geboten!

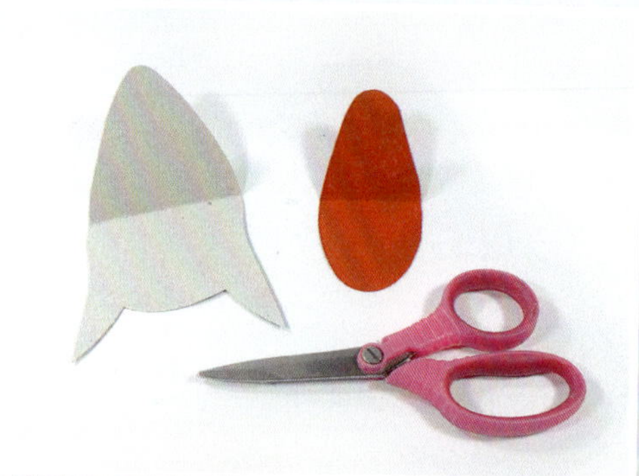

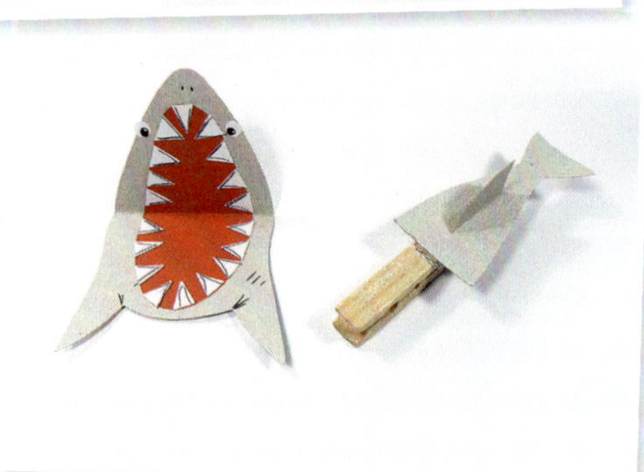

SO WIRD'S GEMACHT

1 Schneide aus der grauen Pappe die Haiform (Kopf und Seitenflossen) aus. Aus dem roten Papier schneidest du ein Maul aus, das etwas kleiner als die Haiform ist. Falte die Haiform sowie das Maul genau in der Mitte und klebe das Maul auf die richtige Stelle.

2 Schneide aus dem weißen Papier lauter kleine Dreiecke aus, klebe sie als Zähne auf und fahre sie mit dem schwarzen Stift nach. Fertige die Papieraugen an und klebe sie auf. Zeichne die Nasenlöcher auf.

3 Aus der Pappe schneidest du jetzt noch den hinteren Haikörper sowie die Rückenflosse aus. Falte den unteren Bereich der Rückenflosse nach hinten, bestreiche ihn mit Kleber und bringe die Flosse am Körper an. Bitte eine erwachsene Person, den Haikörper sowie den Haikopf mit Heißkleber auf der Holzklammer zu befestigen.

DAS BRAUCHEN WIR

- Pappe (grau), Papier (weiß, rot), Holzklammer
- Grundausrüstung + Heißklebepistole

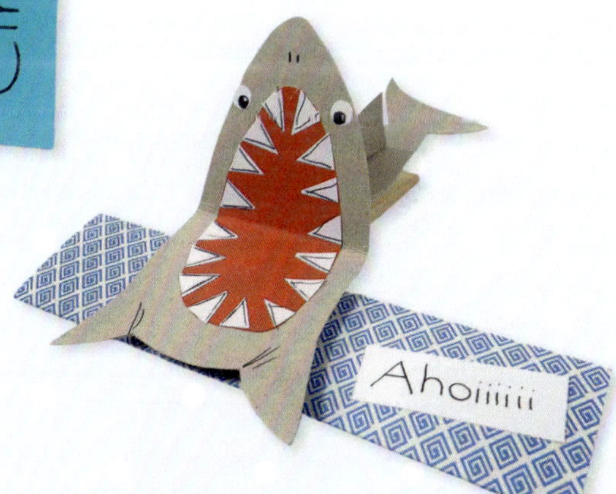

TIPP

- Nimm ein Blatt Papier, schreibe deine Geburtstagseinladung darauf und lass sie dieses Jahr von einem Hai überbringen.

QUALLE

Quallen sind schon sehr merkwürdige Tiere. Wusstest du, dass ihr Körper fast nur aus Wasser besteht und dass nur manche Quallenarten Augen besitzen? Mit ihren Tentakeln, die bei einigen Quallen mehrere Meter lang werden, können sie lähmendes Gift abgeben. Naja, gut, dass unsere Pappbecher-Tiere zu den Quallenarten mit Augen gehören, sonst würden sie nicht mal sehen, in welch kunterbuntem Bastelbuch sie sich befinden und welch nette Kinder sie anschauen ...

SO WIRD'S GEMACHT

1 Male den Pappbecher mit den Wasserfarben bunt an. Sobald die Farbe trocken ist, fertigst du die Papieraugen an und klebst sie auf. Du kannst die Qualle auch mit einigen Punkten verzieren.

2 Stanze mit dem Locher am unteren Rand entlang einige Löcher in den Becher. Nimm die Wolle, schneide sie in gleich lange Stücke, fädle durch jedes Loch ein Wollstück und knote es fest.

3 Stich zum Schluss mit der Schere im Pappbecherboden ein Loch, fädle ein Stück Juteschnur zum Aufhängen durch und fixiere es mit einem Knoten.

DAS BRAUCHEN WIR

- Pappbecher, Wolle, Juteschnur, Papier (weiß)
- Grundausrüstung

TIPPS

- Verwende beim Bemalen der Pappbecher viel Wasser und unterschiedliche Farben, um tolle Aquarelleffekte zu erhalten.
- Wenn du keinen einfarbigen Pappbecher hast, kannst du auch einen bedruckten Pappbecher mit kleinen, bunten Papierstücken überkleben.
- Die Quallen musst du nicht unbedingt aufhängen. Auch hingestellt machen sie sich gut.

SEESTERN

Jetzt kommt etwas Höchstinteressantes. Aufgepasst! Die lebenden Verwandten unserer Wickelseesterne hier haben eine unglaubliche Fähigkeit: Wenn sie einen Arm verlieren oder gar in der Mitte auseinanderbrechen, wächst der verlorene Teil des Körpers wieder nach. Aus einem abgetrennten Arm kann sich – fast wie durch Magie – wieder ein ganzer Seestern entwickeln. Fantastisch, oder? Schnapp dir Pappe und bunte Wolle und bastle dir diese Seesterne nach. Vielleicht können sie dir ja weitere spannende Fakten über ihre faszinierenden Verwandten verraten?

SO WIRD'S GEMACHT

1 Zeichne mit dem Bleistift einen Stern auf die Pappe und schneide ihn aus.

2 Bestreiche eine Seite des Sterns mit Bastelkleber und umwickle ihn mit einem beliebigfarbigen Garn. Zum Schluss befestigst du das Garnende nochmals mit etwas Kleber.

3 Fertige die Papieraugen an und klebe sie auf. Verziere den Seestern noch beliebig mit bunten Papierschnipseln.

DAS BRAUCHEN WIR

- Pappe, buntes Garn, Papier (weiß), bunte Papierschnipsel
- Grundausrüstung

TIPPS

- Du kannst den Seestern als sommerliche Dekoration aufstellen bzw. aufhängen oder ihn als Glücksbringer verschenken.
- Auch bunte Kreise, Perlen, kleine Zeichnungen, Muscheln ... können zum Dekorieren verwendet werden.
- Du kannst beim Umwickeln auch die Garnfarbe ändern (Anfang und Ende von jedem Faden gut festkleben) oder bereits bunt eingefärbte Wolle verwenden.

TIERE VON WEIT WEG

Jetzt zum Schluss wird es nochmal so richtig bunt! Im folgenden Kapitel haben sich nämlich Tiere von verschiedensten Orten der Welt versammelt. Springfreudige Kängurus, faule Koalas, stolze Giraffen, kunterbunte Papageien, wuschelige Pandabären, pinkleuchtende Flamingos und viele mehr erwarten dich auf den nächsten Seiten. Sie sind total aufgeregt, in diesem Bastelbuch ein neues Zuhause gefunden zu haben! Auf den nächsten Seiten zeige ich dir, wie schnell und einfach du die Tiere nachbasteln kannst. Das Beste? Die Materialien, die du für die Ideen brauchst, hast du fast sicher zu Hause! Also, worauf wartest du noch? Genieße das letzte Kapitel dieses Buches und lege dann selbst mit dem Basteln los!

Einkaufen:
Butter
Zucchini
Melone
Zitronen (3)
Mehl (Dinkel)
Chia-Samen

PAPAGEI

Achtung: Farbalarm! Herzlich willkommen auf der Papageienseite dieses Buches. Wie ihre echten Verwandten haben diese Papageien ein farbenfrohes Federkleid und einen kräftigen, hakenförmigen Schnabel. Die Verwandten nutzen den Schnabel zum Klettern, zum Öffnen von Nüssen und zum Festhalten ihrer Nahrung. Bei manchen Papageien kommen aus dem Schnabel verschiedenste Laute und auch menschliche Sprache, da sie sehr geschickt im Nachahmen sind. „Los geeehts ... Bastle uns!"... Also, das kam jetzt nicht von mir ...

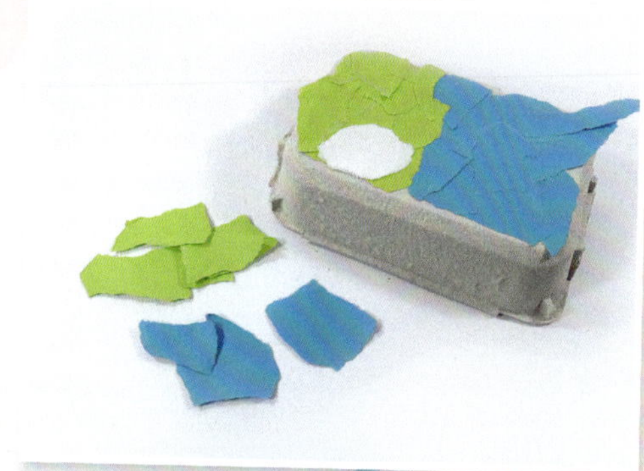

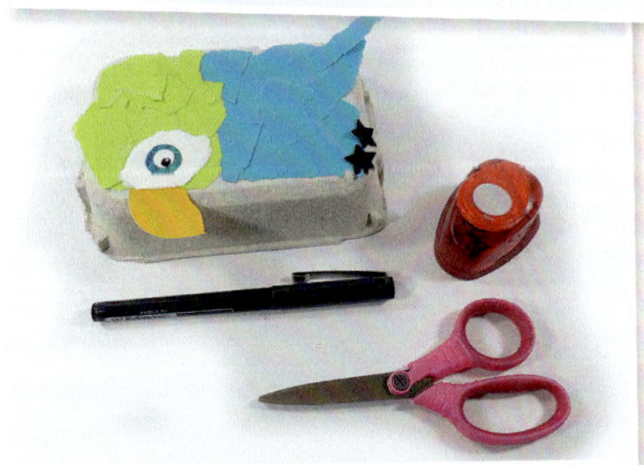

SO WIRD'S GEMACHT

1 Reiße beliebig buntes Papier in kleine Stücke und überklebe damit den Eierkartondeckel.

2 Fertige das Papierauge an und klebe es auf. Aus dem orangen Papier schneidest du einen krummen Schnabel und aus dem schwarzen Papier zwei Sterne für die Füße aus. Alles aufkleben.

3 Reiße nun verschiedenfarbige Papiere in kleine Streifen und klebe sie als Flügel und Schwanzfedern auf. Stich am oberen Rand vorsichtig zwei Löcher und befestige dort eine Schnur zum Aufhängen.

DAS BRAUCHEN WIR

- Eierkartonschachtel (nur Deckel), Papier (weiß, orange, schwarz, beliebig), Juteschnur
- Grundausrüstung

TIPPS

- Je bunter, desto schöner!
- Für das Gestalten eignen sich auch hervorragend mit Wasserfarben angemalte Magazinseiten.
- Natürlich kannst du bei der Eierkarton-Schachtel auch die Unterseite dranlassen, um farbenfrohe Papageien-Boxen zu erhalten.

TIGER

Wie wir es von unseren Stubentigern kennen, sind auch echte Tiger sehr faule Tiere. Sie lieben es, vor sich hin zu dösen und zu faulenzen und ab und zu ein erfrischendes Bad im kühlen Fluss zu nehmen. Auch bei der Jagd versuchen sie sich möglichst wenig anzustrengen. Der Beute nachhetzen? Oh nein. Sie schleichen sich auf leisen Pfoten an oder lauern anderen Tieren auf. Ich bin mir sicher, dass diese beiden gebastelten Tiger auf deinem Kopf ein sehr viel aktiveres Leben als ihre faulen Verwandten führen ...

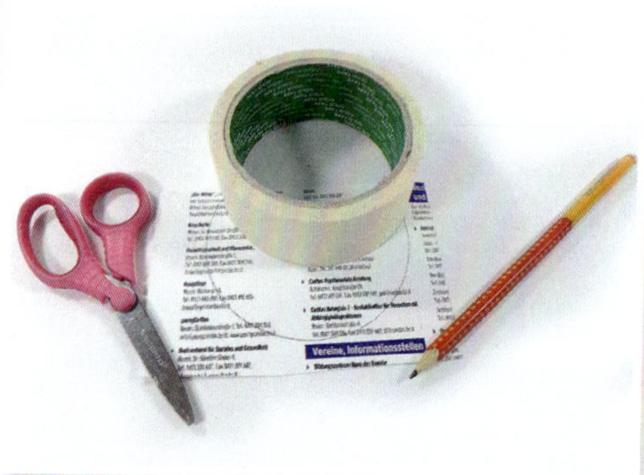

SO WIRD'S GEMACHT

1 Nimm ein Stück Pappe und zeichne mithilfe einer runden Schablone einen Kreis für den Kopf auf, den du dann ausschneidest. Zeichne auch zwei kleinere Kreise für die Ohren auf und schneide sie aus.

2 Durchblättere Magazine und reiße orange bzw. gelbe Bereiche vorsichtig heraus. Überklebe mit diesen Papierstücken die drei Kreise, die du soeben ausgeschnitten hast.

3 Fertige die Papieraugen an und klebe sie auf. Schneide oder stanze zwei größere, weiße Kreise für die Ohren aus und reiße ein Stück weißes Papier für den Schnauzenbereich zurecht. Aus dem schwarzen Papier schneidest du die Nase aus und reißt einige dünne Streifen ab. Alles aufkleben und Details (Schnauze, Ohrbüschel ...) aufmalen! Befestige dann den Kopf am Wellpappestreifen.

DAS BRAUCHEN WIR

- Wellpappe-Streifen, Pappe, Magazine, Papier (weiß, schwarz, gelb)
- Grundausrüstung + unterschiedlich große, runde Schablonen

TIPPS

- Für das Kopfband kannst du auch eine zu einem Streifen gefaltete Zeitschriften-Doppelseite verwenden.
- Du kannst mit einer Büroklammer oder auch mit einer Klammermaschine den Kopfschmuck passend fixieren.

GIRAFFE

Giraffen schlafen nur sehr wenig: insgesamt nicht mehr als zwei Stunden pro Tag und immer nur einige Minuten am Stück. Schließlich sind sie in dieser Zeit nicht vor Raubtieren geschützt und somit in Gefahr. Die beiden Pappgiraffen hier können in eurer Wohnung auch mal länger die Augen schließen und sich ausruhen. Oder was meinst du? Pass nur auf, dass sie sich nicht an euren saftigen Wohnungspflanzen stärken, um wieder zu Kräften zu kommen.

SO WIRD'S GEMACHT

1 Schneide aus der Pappe einen langen Hals, einen Kopf und zwei Ohren aus und klebe sie richtig zusammen. Schneide oder stanze aus dem gelben Papier Kreise aus und bringe sie am Giraffenhals an. Bitte eine erwachsene Person, den Korken mithilfe eines Furniermessers in Scheiben zu schneiden, die du anschließend auf die gelben Kreise klebst.

2 Schneide einen braunen Papierstreifen ab, der ungefähr so lang wie der Hals ist. Mache auf der langen Seite lauter kleine Schnitte, die ungefähr bis zur Mitte reichen. Klebe den Papierstreifen von hinten auf die Giraffe, sodass er übersteht.

3 Fertige die Papieraugen an und klebe sie auf. Aus dem braunen Papier schneidest du zwei Hörnchen und aus der Magazinseite das Ohrinnere aus. Bringe die Teile an den richtigen Stellen an und zeichne den Mund auf.

DAS BRAUCHEN WIR

- Pappe, Papier (weiß, braun, gelb), Korken, Magazinseite
- Grundausrüstung + Furniermesser

TIPPS

- An den Giraffenflecken kannst du wichtige Informationen mit Pinnnadeln befestigen.
- Alternativ kannst du die Flecken auch nur aus Papier ohne Korken basteln und die Giraffen als Dekoration verwenden.
- Bastle Giraffen unterschiedlicher Größen und klebe eine neben der anderen an die Wand! Sehr hübsch!

ELEFANT

Elefanten sind sehr soziale Tiere und am liebsten in einer großen Herde unterwegs. Ein altes Elefantenweibchen führt sie an. Diese sogenannte „Leitkuh" hat die Aufgabe, ihre Truppe zu den besten Futter- und Wasserplätzen zu führen. Unsere drei süßen Dickhäuter hier fühlen sich aber auch als Trio wohl! Vielleicht hast du ja trotzdem Lust, nicht nur einen, zwei oder drei von ihnen zu basteln, sondern gleich eine ganze Herde? Töröööö!

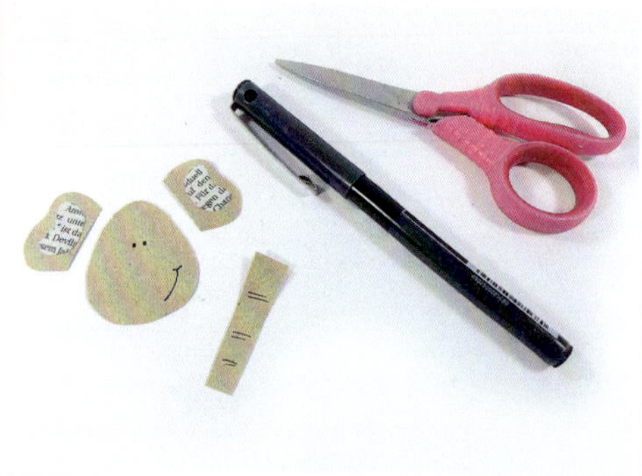

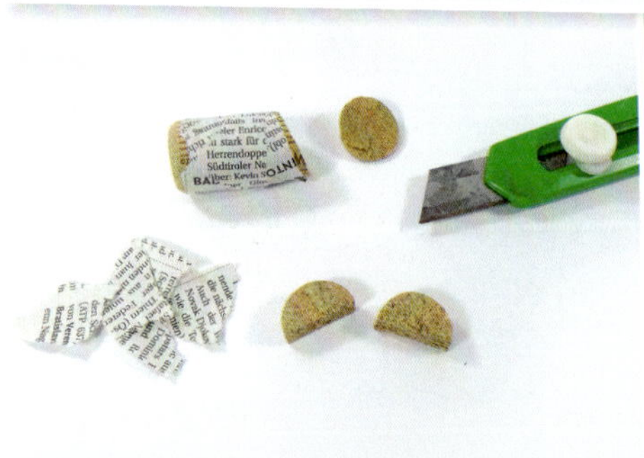

SO WIRD'S GEMACHT

1 Schneide aus der grauen Pappe einen Kopf, zwei Ohren und einen Rüssel aus. Zeichne mit dem schwarzen Stift die Augen, den Mund und einige Falten auf den Rüssel. Schneide aus dem Zeitungspapier das Ohrinnere aus und bringe es auf den Ohren an. Rolle den Rüssel auf und öffne ihn anschließend wieder. Alle Teile zusammenkleben!

2 Bitte eine erwachsene Person, mit dem Furniermesser eine gerade Scheibe vom Korken abzuschneiden und diese nochmals genau in der Mitte zu teilen. Dann wird der Korken nochmals schräg abgeschnitten*. Reiße das Zeitungspapier in kleine Stücke und überklebe damit den Korken.

3 Lass dir nun von der erwachsenen Person den Kopf (auf die schräg abgeschnittene Seite), die Korken-Halbkreise als Füße und ein Stück Juteschnur als Schwanz mit Heißkleber anbringen.

* Der Korken wird schräg abgeschnitten, damit die Elefanten etwas nach oben und nicht geradeaus blicken.

DAS BRAUCHEN WIR

- Korken, Pappe (grau), Zeitungspapier, Juteschnur
- Grundausrüstung + Furniermesser, Heißklebepistole

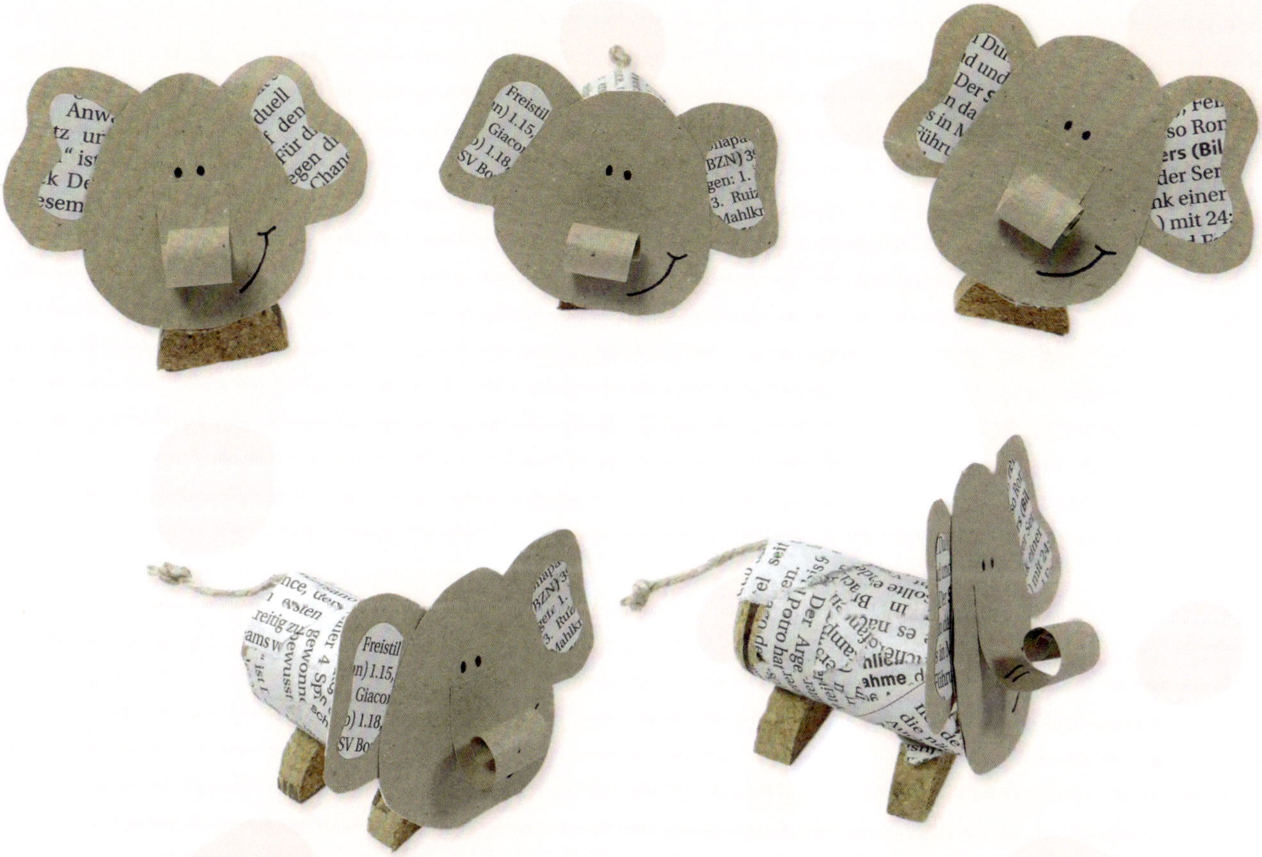

TIPPS

- Fürs Überkleben des Korkens könntest du auch graues Papier verwenden.
- Warum nicht kunterbunte Fantasieelefanten basteln? Wie die wohl aussehen würden?

ZEBRA

Schwarz, weiß, schwarz, weiß, schwarz, weiß ... Manchmal werden Zebras aufgrund ihres Fells auch „Tigerpferde" genannt. Die meiste Zeit des Tages sind Zebras am Fressen und während der heißen Mittagszeit ruhen sie sich – eng neben anderen Zebras stehend – im Schatten aus. Ob sie sich auch bei dir zu Hause wohlfühlen würden? Du musst aber versprechen, sie nicht mit zu vielen Informationen und Merkzetteln zu überladen.

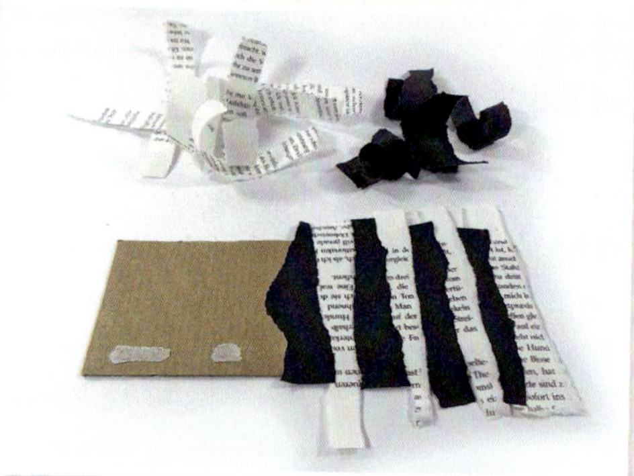

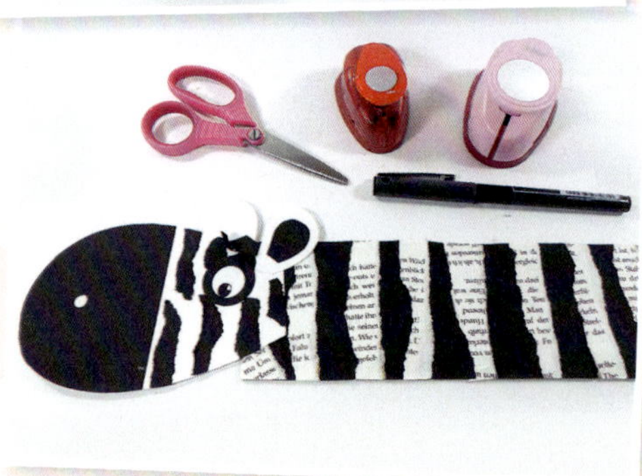

SO WIRD'S GEMACHT

1 Schneide von der Pappe einen Streifen ab. Reiße die Magazinseite und das schwarze Papier in Streifen und überklebe damit abwechselnd den Pappestreifen. Drehe zum Schluss den Streifen um und schneide überstehendes Papier ab.

2 Schneide aus dem weißen Papier einen Kopf und zwei Ohren aus. Bestreiche den vorderen Bereich der Schnauze mit Kleber, lege ein schwarzes Papier darüber und streife einige Male fest darüber. Schneide das überstehende schwarze Papier ab und drehe den Kopf wieder um.

3 Reiße einige dünnere Streifen vom schwarzen Papier ab und klebe sie auf den Kopf. Fertige das Papierauge an und klebe es auf. Schneide das Ohrinnere und eine fransige Frisur aus und bringe beides an. Stich am oberen Rand des Pappestreifens rechts und links zwei Löcher und befestige dort ein Stück Juteschnur zum Aufhängen.

DAS BRAUCHEN WIR

- Pappe, Papier (schwarz, weiß), Magazinseite, Juteschnur
- Grundausrüstung

TIPPS

- Wenn dir weißes, normal dickes Papier zu unstabil ist, kannst du es doppelt nehmen, auf Pappe kleben oder weißen Karton verwenden.
- Mit kleinen Holzklammern oder Büroklammern kannst du wichtige Informationen am Zebra befestigen.
- Du könntest auch wie bei der Giraffe (S. 98) Korkenscheiben für Pinnnadeln anbringen.

KROKODIL

Krokodile verbringen die meiste Zeit des Tages im Wasser. Zum Ausruhen und Sonne tanken, aber auch immer wieder zum Jagen, verlassen sie das Wasser. Sie sind schnelle, geschickte und geduldige Jäger. Unsere beiden Krokodile hier sind glücklicherweise nicht mit dem Jagdinstinkt ihrer realen Verwandten ausgestattet. Ihre Schachtelmäuler freuen sich aber über (fast) jedes Futter, das du hineinsteckst ...

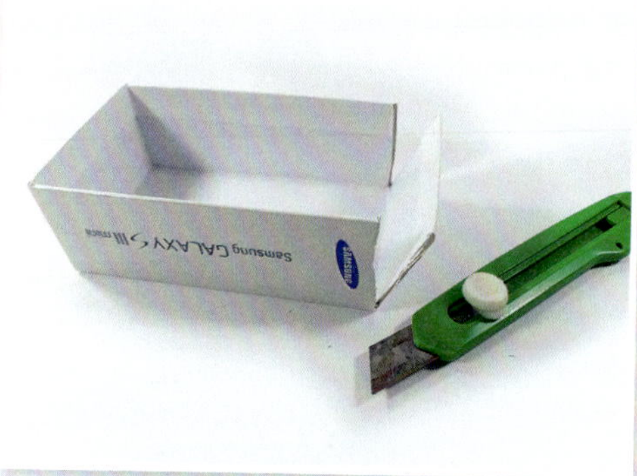

SO WIRD'S GEMACHT

1 Nimm den Deckel der Schachtel ab. Bitte eine erwachsene Person, mit einem Furniermesser an einer kurzen Seite beide Kanten des Deckels ganz durchzuschneiden. Die Innenseite der so entstandenen Lasche wird mit Heißkleber bestrichen und der Deckel wieder auf die Schachtel gesetzt. Die Lasche gut andrücken. Das Krokodil kann so sein Maul weit aufreißen.

2 Blättere die Magazine durch, trenne grüne Bereiche vorsichtig heraus und reiße sie in kleine Stückchen. Auch die grünfarbenen Papiere reißt du in kleine Stückchen. Der Deckel wird mit den grünen Papierstückchen nach und nach überklebt.

3 Schneide aus grünem Papier zwei Rechtecke aus, die oben abgerundet sind. Darauf klebst du zwei Papieraugen. Falte den unteren Rand nach hinten und bestreiche ihn mit Kleber. Befestige die Augen an den richtigen Stellen. Zeichne auf das weiße Papier die beiden Nasenlöcher auf, schneide sie aus und klebe sie weit vorn an die Oberseite des Deckels.

DAS BRAUCHEN WIR

- Schachtel mit abnehmbarem Deckel, Papier (weiß, unterschiedliche Grüntöne), Magazine
- Grundausrüstung + Furniermesser, Heißklebepistole

TIPPS

- Du kannst kleine, große, breite und schmale Schachteln in niedliche Krokodile verwandeln!
- Die Schachtelkrokodile sind tolle Aubewahrungs- oder Geschenkboxen.

PANDABÄR

Pandabären ernähren sich hauptsächlich von Pflanzen. Ihr Lieblingsessen? Keine Frage, natürlich Bambus. Da Pandabären, anderes als ihre „bärigen" Verwandten, sich nicht auf den Hinterbeinen aufrichten können, sitzen sie meist auf ihrem Po, greifen mit den Vorderpfoten nach den Bambus-Delikatessen und lassen es sich so richtig schmecken. Neben Bambus und anderen Pflanzen dürfen auch manchmal kleine Wirbeltiere und ab und zu eine kleine Raupe auf dem Speiseplan stehen. Hast du Lust, einen niedlichen Pandabären zu basteln? Keine Sorge … Er überlebt auch ohne Bambus!

SO WIRD'S GEMACHT

1 Zeichne den Grundriss der Käseschachtel zweimal auf dem weißen Papier nach und schneide die erhaltenen Kreise aus.

2 Reiße das schwarze und das weiße Papier in kleine Stückchen. Nimm einen Papierkreis und überklebe ihn vollständig mit schwarzen Papierstückchen. Den zweiten Papierkreis überklebst du mit weißen Papierstückchen. Reiße aus dem schwarzen Papier die beiden Ohren und die Augumrundungen zurecht und bringe sie an. Befestige im Inneren der Ohren zwei weiße, etwas kleinere Papierkreise. Schneide aus dem schwarzen Papier eine Nase aus, klebe sie auf und zeichne die Schnauze auf. Fertige die Papieraugen an und klebe sie auf.

3 Klebe nun die überklebten Papierkreise von oben und unten auf die Käseschachtel. Den Rand der Schachtel kannst du mit einem Papierstreifen überkleben.

DAS BRAUCHEN WIR

- Runde Käseschachtel, Papier (weiß, schwarz)
- Grundausrüstung

TIPPS

- Die zurechtgerissenen Papierstückchen geben den Pandabären ein wuscheliges Aussehen!
- Verwende die Pandabären als Aufbewahrungs- oder Geschenkboxen.

KÄNGURU

Kängurubabys sind bei der Geburt ganz nackt, etwa so groß wie ein Gummibärchen und ihre Augen und Ohren sind kaum entwickelt. Gleich nach der Geburt krabbelt das Kleine in den Beutel der Mutter und saugt sich an der Zitze fest. Dort im Warmen reift das Junge zu einem vollständig entwickelten Känguru heran, bevor es nach acht bis neun Monaten zu groß ist für sein „Kinderzimmer". Unglaublich, was die Natur alles kann! Die Kängurus hier im Bastelbuch tragen aber keine Kängurubabys herum, sondern bewahren deine Buntstifte, Pinsel und anderen Basteluntensilien auf.

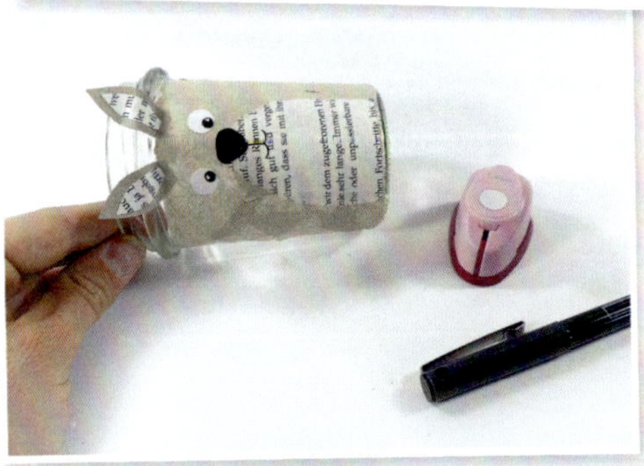

SO WIRD'S GEMACHT

1 Reiße das Packpapier in kleine Stückchen und überklebe damit das Schraubglas.

2 Bastle die Ohren aus dem Packpapier und den Magazinseiten nach und klebe sie auf. Fertige Papieraugen an und bringe sie ebenfalls an. Reiße aus der Magazinseite eine ovale Form (unten gerade) zurecht und klebe sie auf. Zum Schluss bringst du noch eine schwarze Papiernase an und zeichnest die Schnauze auf.

3 Fertige aus dem Packpapier noch zwei Ärmchen und den Schwanz an. Befestige die Körperteile am Känguru. Den Schwanz klebst du am besten an, indem du den seitlichen Rand nach hinten faltest, ihn mit Kleber bestreichst und so am Känguru fixierst.

DAS BRAUCHEN WIR

- Schraubglas, Packpapier, Papier (weiß, schwarz), Magazinseite
- Grundausrüstung

TIPPS

- Da Packpapier oft nicht sehr stabil ist, empfehle ich dir, es für die Ärmchen und den Schwanz doppelt zu nehmen.
- Natürlich kannst du die Kängurus auch mit einer kleinen Überraschung füllen, den Deckel daraufschrauben und jemandem schenken!

KOALA

Ihr einziges Essen: Eukalyptus – egal ob Blätter, Rinde oder Früchte. Hobbys: vieeeel schlafen. Lieblingssport: an Baumstämmen hoch und runter klettern. Die Rede ist natürlich von Koalas. Wusstest du, dass Koalas bis zu 20 Stunden am Tag nur schlafen? Selbst ihre heißgeliebten Klettertouren führen sie nur aus, wenn sie sich einen neuen Baum suchen. Interessant ist, dass diese kuscheligen Teddys, egal ob sie einen Baumstamm hinauf- oder hinuntersteigen, immer den Kopf oben haben. Wenn du die Tierchen genauso süß findest wie ich, dann bist du hier richtig. Hier zeige ich dir nämlich, wie du niedliche Koala-Einladungen basteln kannst.

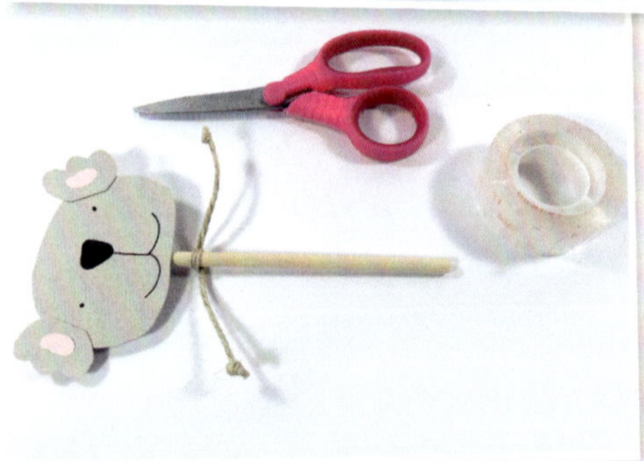

SO WIRD'S GEMACHT

1 Schneide aus der grauen Pappe den Kopf und die beiden Ohren aus. Schneide aus dem schwarzen Papier die Nase aus, klebe sie auf und zeichne die Augen und die Schnauze auf. Auf die Ohren klebst du ein beliebiges Stück Papier als Ohrinneres auf und bringst sie dann am Kopf an.

2 Befestige den Koalakopf mit etwas Klebestreifen am Holzstäbchen. Für die Arme schneidest du von der Juteschnur ein Stück ab und bindest es am Holzstäbchen fest, sodass zwei gleich lange Stücke abstehen. Mache an beiden Enden einen Knoten.

3 Schneide einen Papierstreifen ab und befestige ihn mit etwas Klebestreifen am Holzstäbchen. Schreibe nun eine Einladung oder einen Gruß auf den Papierstreifen. Rolle dann den Papierstreifen auf dem Holzstäbchen auf und binde ihn mit einem Stück Schnur fest.

DAS BRAUCHEN WIR

- Pappe (grau), Papier (schwarz, beliebig), Holzstäbchen, Juteschnur
- Grundausrüstung

TIPPS

- Nicht nur als Einladungsüberbringer machen sich die Koalas gut, sondern auch als Blumenstecker oder Theaterfiguren.
- Auch einseitig bedrucktes Motivpapier eignet sich als Papierstreifen gut.

TUKAN

Das besondere Merkmal dieses großen Vogels ist sein riesiger, wunderschön gefärbter Schnabel. Jeder Tukanschnabel hat eine ganz einzigartige Färbung. Auch unsere originellen Papier-Tukane fallen durch ihre verrückte Schnabelfärbung auf. Kein Wunder, dass sie ihre Köpfe so stolz in die Luft recken und sich von allen bewundern lassen.

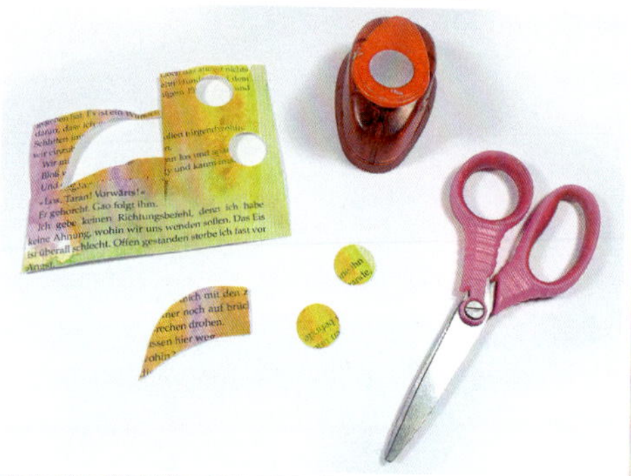

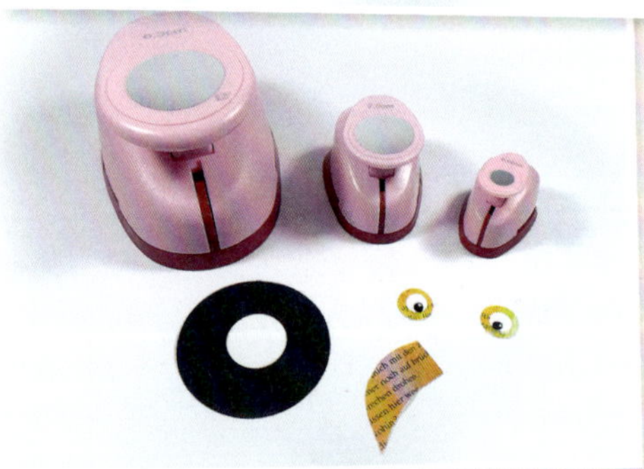

SO WIRD'S GEMACHT

1 Nimm eine Magazinseite und bemale sie kunterbunt mit Wasserfarben! Sobald die Farbe trocken ist, wiederholst du dies genauso auf der Rückseite. Schneide dann zwei Kreise und einen Schnabel aus.

2 Schneide oder stanze aus dem schwarzen Papier einen großen und aus dem weißen Papier einen mittelgroßen Kreis aus. Schneide oder stanze dann aus dem weißen Papier noch zwei kleine Kreise für die Augen aus, zeichne die Pupillen auf und klebe sie auf die bunten Papierkreise.

3 Falte den schwarzen und den weißen Kreis in der Mitte. Bestreiche die Innenseite des weißen Kreises mit Kleber und bringe ihn am schwarzen Kreis an (Faltkante auf Faltkante). Bringe außerdem die beiden Augen und den Schnabel an. Schneide zwei Flügel aus Wellpappe aus und bringe sie ebenfalls auf der Vorder- und der Rückseite an. Öffne den schwarzen Kreis wieder, lege einen Zahnstocher hinein und befestige ihn mit Klebestreifen. Klebe die beiden schwarzen Kreishälften mit Bastelkleber zusammen.

DAS BRAUCHEN WIR

- Zahnstocher, Papier (schwarz, weiß, beliebig), Magazinseite, Wellpappe
- Grundausrüstung

TIPPS

- Für die Augenumrandung und die Flügel kannst du auch buntes Papier verwenden.
- Für die Flügel kannst du auch buntes Papier verwenden oder sie ganz weglassen.
- Die Tukane sind eine ideale Häppchen-Deko für eine Sommerparty.
- Du kannst mit den Tukanen auch Glückwunschkarten, Geschenke ... verzieren.

PINGUIN

Pinguine sind Vögel. Ihre Flügel nutzen sie aber nicht wie die meisten ihrer Vogelverwandten zum Fliegen, sondern zum Schwimmen. Und wusstest du, dass Pinguine dank ihrer Schwarz-Weiß-Färbung im Wasser vor Angriffen geschützt sind? Von unten nämlich sehen Feinde nur einen weißen Bauch, der gegen den Himmel nicht gut zu erkennen ist. Wenn ein Feind über dem Pinguin schwimmt und hinunterschaut, sieht er den schwarzen Rücken, der sich vom dunklen Meeresgrund kaum abhebt. Praktisch, oder? Hol dir schwarzes und weißes Papier und dann viel Spaß bei der Pinguin-Heftchen-Bastelei!

SO WIRD'S GEMACHT

1 Nimm einige weiße DIN-A4-Blätter, falte sie in der Mitte zusammen und schneide sie an der Faltlinie durch. Falte die so erhaltenen DIN-A5-Blätter nochmals genau in der Mitte. Nimm eines dieser Blätter und verziere die Vorderseite beliebig mit dem schwarzen Stift. Klammere dann alle Seiten zu einem Büchlein zusammen.

2 Schneide aus dem schwarzen Papier den Pinguinkörper und zwei Flügel, aus dem orangen Papier die Füßchen und den Schnabel und aus der Magazinseite die Bauchfärbung aus. Fertige zum Schluss noch Papieraugen an und klebe alle Papierteile an die richtigen Stellen.

DAS BRAUCHEN WIR

- Papier (weiß, schwarz, orange), Magazinseite
- Grundausrüstung + Klammermaschine

TIPPS

- Toll werden diese Büchlein auch, wenn du die Verzierungen mit Buntstiften anmalst.
- Als Umschlag für das Büchlein kannst du auch eine Magazinseite verwenden, die du vorher mit Wasserfarben bunt angemalt hast.
- Mit dieser Technik kannst du auch süße Glückwunschkarten, Einladungen … basteln.

ROBBE

Robben sind hervorragende Schwimmer und Taucher. Auch ihr Lieblingsessen – Fische, Krebse und Tintenfische – finden sie bei ihren Wasserabenteuern. Sie leben vor allem im Meer und gehen nur selten aufs Trockene. Wenn sie mit ihren Flossen aber doch mal an Land „robben", wirken sie meistens ein bisschen unbeholfen. Unsere Zeitungsrobben hier schweben dagegen leicht und beweglich an der Kinderzimmertüre: Dort begrüßen sie jeden freundlich, der ein- und ausgeht.

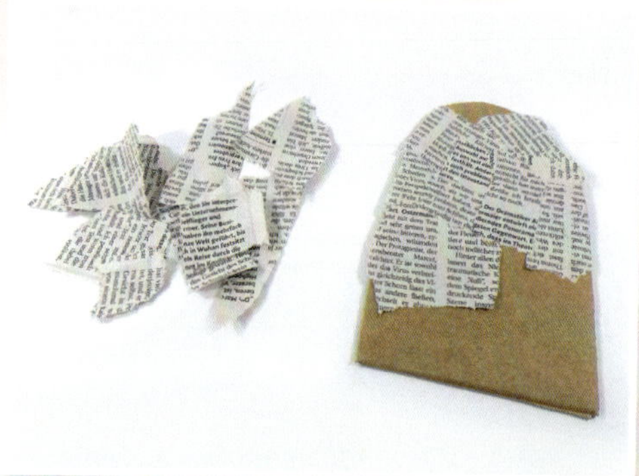

SO WIRD'S GEMACHT

1 Schneide aus der Pappe den Robbenkörper aus. Reiße das Zeitungspapier in kleine Stückchen und überklebe den Pappekörper damit.

2 Schneide aus der Pappe zwei Flossen aus, die du rechts und links am Robbenkörper anbringst. Schneide aus dem schwarzen Papier die Nase, aus dem weißen Papier den Schnauzen-Bereich und aus dem rosaroten Papier zwei Kreise für die Wangen auf. Bringc alle Teile an den richtigen Stellen an und zeichne die Schnurrhaare auf. Fertige Papieraugen an und klebe sie auf.

3 Schneide kleine Papprechtecke zurecht (1 Rechteck für jeden Buchstaben deines Namens). Gestalte die einzelnen Buchstaben beliebig. Schneide dann ein Stück Juteschnur ab und befestige es mit Klebestreifen an der Robbe. Die Buchstabenkärtchen werden ebenso mit Klebestreifen an der Schnur befestigt.

DAS BRAUCHEN WIR

- Pappe, Zeitungspapier, Papier (weiß, schwarz, rosa), Juteschnur, beliebige Materialien (z.B. Perlen, bunte Wolle, Motivpapier ...) für die Buchstaben deines Namens
- Grundausrüstung

TIPP

- Rolle ein Stück Klebestreifen zusammen und befestige damit die Robbe direkt an der Tür.

EISBÄR

Wieder ein Beweis, dass die Natur genial ist: Eisbären leben ja bekanntlich an Orten, wo es das ganze Jahr über bitterkalt ist. Ihr dichtes Fell schützt die Tiere vor der klirrenden Kälte. Der Pelz funktioniert nämlich wie eine Thermojacke: Die Fellhaare der Eisbären sind hohl, sodass eine Art Luftpolster entsteht. So bieten sie einen perfekten Kälteschutz. Einen warmen Mantel brauchen unsere beiden Eisbären jedenfalls nicht, denn sie dürfen es sich ja in deiner Wohnung bequem machen. Das danken sie dir durch ihr putziges Aussehen.

SO WIRD'S GEMACHT

1 Reiße das weiße Papier in kleine Stückchen und überklebe damit den Deckel der Schachtel.

2 Schneide aus dem weißen Papier zwei Ohren aus. Aus dem hellbraunen Papier schneidest du das Innere für die Ohren sowie den Schnauzen-Bereich aus. Die Nase schneidest du aus dem schwarzen Papier aus. Klebe alle Papierteile an den richtigen Stellen an und zeichne die Schnauze auf.

3 Zum Schluss malst du dem Eisbären noch ein Paar Augen. Fertig.

DAS BRAUCHEN WIR

- Schachtel, Papier (weiß, schwarz, hellbraun)
- Grundausrüstung

TIPPS

- Lasse beim Augenaufmalen ein kleines Dreieck weiß. Das lässt die Augen besonders schön leuchten.
- Du kannst die Eisbären-Schachteln auch als besondere Geschenkboxen verwenden oder als winterliche Dekoration aufstellen.

FLUSSPFERD

Fluss- bzw. Nilpferde lieben das Leben am Wasser. Ihre Lieblingsplätze? Tiefe Seen und langsam dahinziehende Flüsse. Den Zeitungsflusspferden rechts ist Wasser relativ egal. Ihnen ist nur wichtig, ein gutes Bild auf den Glückwunschkarten zu machen.

SO WIRD'S GEMACHT

1 Schneide aus dem Zeitungspapier den oberen Kopfbereich, die Schnauze, den Hals sowie zwei Ohren aus.

2 Klebe alle ausgeschnittenen Teile auf weißem Papier richtig zusammen und schneide das so entstandene Nilpferd aus. Schneide aus dem weißen Papier zwei Kreise für die Nasenlöcher aus, zeichne sie auf und bringe sie an. Fertige Papieraugen an und klebe sie auf. Zeichne zum Schluss noch den Mund auf und klebe auf beide Ohren ein buntes Papierstück als Ohrinneres.

3 Nimm ein DIN A4 großes weißes Papier und falte es in der Mitte, sodass du eine aufklappbare Karte erhältst. Male die Magazinseite mit Wasserfarben bunt an und reiße sie, sobald die Farbe trocken ist, zurecht. Klebe sie auf ein rechteckiges Stück Wellpappe, welches auf die Karte geklebt wird. Stanze viele kleine, bunte Kreise aus und klebe sie rund um die Wellpappe auf. Male zum Schluss mit dem schwarzen Stift auf jeden Kreis einen Punkt.

DAS BRAUCHEN WIR

- Papier (weiß, beliebig), Zeitungspapier, Wellpappe, Magazinseite
- Grundausrüstung

TIPPS

- Lass beim Verzieren deiner Kreativität freien Lauf! Egal ob mit Wasserfarben verschönern, Papierschnipsel aufkleben oder Muster malen – du bist beim Basteln der Chef bzw. die Chefin!
- Verwende für die Karte am besten etwas dickeres, weißes Papier.

LÖWE

Löwen gelten als die „Könige der Tiere". Die Großkatzen leben im Rudel zusammen, das vom mächtigsten Männchen angeführt wird. Den „Rudel-Chef" erkennt man meist an der besonders langen und dunklen Mähne. Die Mähne zeigt an, dass der Rudel-Anführer fit und gesund ist und keine Kämpfe scheut. Was würden denn richtige Löwen denken, wenn sie unsere beiden Kaffeefilter-Löwen mit ihren prächtigen und leuchtenden Papiermähnen zu Gesicht bekämen? Vielleicht würde sich nicht einmal der mutigste aller mutigsten Löwen in ihre Nähe trauen, wer weiß ...

SO WIRD'S GEMACHT

1 Blättere die Magazine durch und trenne vorsichtig gelbe und orange Bereiche heraus. Das orange und gelbe Papier reißt du in kleine Stückchen. Überklebe einen Kaffeefilter mit diesen Papierstückchen.

2 Schneide aus dem Packpapier den Löwenkopf aus und klebe ihn auf den gelb-orange-überklebten Kaffeefilter. Schneide aus dem schwarzen Papier die Nase und aus einem Magazin das Ohrinnere aus und bringe die Teile an den richtigen Stellen an. Verpasse dem Löwen ein freundliches Gesicht.

3 Klebe nun den soeben gestalteten Kopf auf den zweiten Kaffeefilter (Öffnung: unten). Schneide aus dem Packpapier noch zwei Pfoten und den Schwanz aus und klebe die Teile auf. Zeichne dem Löwen ein struppiges Fell und bringe ein oranges „Haarbüschel" am Schwanzende an.

DAS BRAUCHEN WIR

- 2 Kaffeefilter, Magazine, Packpapier, Papier (orange, gelb, schwarz)
- Grundausrüstung

TIPP

- Natürlich kannst du die gelben und orangen Papierstückchen auch über den Kaffeefilter hinausragen lassen. So wirkt die Mähne struppiger.

FLAMINGO

Die Färbung von Flamingos hängt davon ab, was diese Vögel mit den staksigen Beinen fressen. Interessant, oder? Flamingos sind außerdem sehr gesellige Tiere und leben meist in riesigen (rosa leuchtenden) Schwärmen zusammen. Haben diese drei Flamingos etwa ihren Schwarm verloren oder sind sie als Trio durchgebrannt und genießen ab sofort das etwas ruhigere Leben hier im Bastelbuch?

SO WIRD'S GEMACHT

1 Schneide aus der Pappe den Körper, den Kopf und den gebogenen Hals für den Flamingo aus. Blättere die Magazine durch und trenne vorsichtig rosarote und pinke Bereiche heraus.Reiße diese bunten Papiere in kleine Stückchen und überklebe den Kopf und den Körper damit. Schneide überstehendes Papier ab.

2 Befestige den Kopf sowie den Körper am Hals. Schneide aus dem pinken Papier einen Flügel aus und bringe ihn an. Schneide aus dem weißen Papier einen Schnabel aus. Bestreiche den vorderen Bereich des Schnabels mit Kleber und lege ihn auf das schwarze Papier. Schneide dann den Schnabel wieder genau aus und bringe ihn an. Fertige ein Papierauge an und klebe es auf.

3 Befestige den Schaschlikspieß mit Klebestreifen an der Rückseite des Flamingos. Schneide ein Stück Juteschnur ab und falte es genau in der Mitte. Schneide/stanze aus dem schwarzen Papier zwei Kreise aus, falte sie genau in der Mitte, bestreiche die Innenseiten mit Kleber, lege je ein Schnurende hinein und drücke sie fest zusammen. Bringe die Beine am Flamingo an.

DAS BRAUCHEN WIR

- Pappe, Magazine, Papier (weiß, schwarz, pink), Schaschlikspieß, Juteschnur
- Grundausrüstung

TIPPS

- Die Flamingos machen sich hervorragend als hübsche Blumenstecker.
- Du kannst auch mit Wasserfarben eine Magazinseite in verschiedenen Rosatönen anmalen und sie zum Basteln benutzen.

IMPRESSUM

Autorin: Judith Watschinger
Fotos: Judith Watschinger
Produktmanagement: Svenja Wiglinghaus
Lektorat: Sigrun Borstelmann
Korrektorat: Christiane Gsänger
Umschlaggestaltung: Irina von Feury
Layout & Satz: Elke Mader
Repro: LUDWIG:media
Herstellung: Kathleen Baumann
Printed in Slovakia by Neografia

★★★★★

Sind Sie mit diesem Titel zufrieden? Dann würden wir uns über Ihre Weiterempfehlung freuen. Erzählen Sie es im Freundeskreis, berichten Sie Ihrem Buchhändler oder bewerten Sie beim Onlinekauf. Und wenn Sie Kritik, Korrekturen oder Aktualisierungen haben, freuen wir uns über Ihre Nachricht an
Christophorus Verlag, Postfach 40 02 09, 80702 München oder per E-Mail an lektorat@verlagshaus.de.

Unser komplettes Programm finden Sie unter

www.christophorus-verlag.de

Bildnachweis Shutterstock
S. 4, 5 und 76–91: mypatc
S. 12–33 und 94–125: xnova
S. 36–51: popular business
S. 54–73: AKorkmaz
S. 4, 10–125: Evgenia L

Quellen
https://www.tierchenwelt.de

Die Deutsche Nationalbibliothek verzeichnet diese Publikation in der Deutschen Nationalbibliografie; detaillierte bibliografische Daten sind im Internet über http://dnb.d-nb.de abrufbar.

ISBN 978-3-8411-0244-7

Kreativ-Service

Sie haben Fragen zu den Büchern und Materialien? Frau Erika Noll ist für Sie da und berät Sie rund um alle Kreativthemen. Rufen Sie an! Wir interessieren uns auch für Ihre eigenen Ideen und Anregungen. Sie erreichen Frau Noll per E-Mail: kreativ-service@c-verlag.de oder Tel.: +49 (0) 89 13 06 99 577.

Besuchen Sie uns im Internet: www.christophorus-verlag.de